数学教育選書

# 認知能力
Cognitive Skills
×
# 非認知能力
Non-Cognitive Skills
# を育てる
## 数学授業&教材
## 10のしかけ

中山芳一／有岡桂佑／石橋一昴／山本昌平 著

JN021604

明治図書

# はじめに

　私は，いまから10年ほど前に「非認知能力」といわれる言葉と出会い，これまで自分自身が小学生から大学生に実践してきたことが，まさにこの「非認知能力」といわれる力を育成してきたのだと確信しました。そこから，講演活動や執筆活動を通して，非認知能力の大切さやその育成のための実践方法について発信し続けてきたのですが，次第に私の中でいくつかの懸念が生まれてきたのです。

　ひとつは，研究という名の下で非認知能力に関する概念的な議論が飛び交っていることです。もちろん，概念について議論することそのものは推し進めるべきことなのですが，これまで心理学領域を中心になって精力的に研究されてきたそれぞれの能力概念を総称しただけの「非認知能力」を深掘りしても特に得られるものはあるのだろうか……と懸念してきました。

　もうひとつは，「非認知能力」といわれる力はこれまでも各教育現場で児童や生徒たちに育んでいきたいと大切にしてきたはずなのですが，何か聞き慣れない言葉，特に「非」という否定の漢字から始まる言葉に対してやたらとアレルギー反応を示される場合があるということです。先ほどとも関連してくるのですが，いま，わが国の大きな教育転換期において，この呼び方にこだわるよりも，いかに各教育現場で実践していけるかが肝要なのではないだろうか……とも懸念してきました。

　以上のような懸念を抱きながら，兎にも角にも現場の先生方と伴走してきたこの年月を経て，幸いなことに全国各地のパートナーたちと共に課題解決をすることが叶いはじめています。そして，何よりも学校では授業で……非認知能力を認知能力のアンチテーゼとして一人歩きさせないように，双方を一体的に育成できる授業を……個人レベルではなくチーム学校で実現してい

くためにたくさんの先生方が注力されています。

　本書では，その中でも教科的に最も難しいのではないかと呼び声の高い「数学」での実践を中心にご紹介していきます。第1章で後述しますが，高校数学の有岡桂佑先生，中学数学の山本昌平先生という数学実践のエキスパートのお力を借りるとともに，その実践を分析してくださる数学教育学者の石橋一昂先生の視点も借りることができました。本当に贅沢な一冊となっています。

　本書が，これからの授業，そしてこれからの学校教育に向き合っていかれるすべての実践者の方々にとっての一助となりますことを心から願っています。

　2024年1月

中山芳一

# 本書の使い方

本書は3つの章から構成されています。

**・第1章　認知能力×非認知能力の授業って？**

本書の理論編として,「非認知能力」の捉え方や「認知能力×非認知能力」を育てる授業の重要性,「ギミックブラッシュアップシート」の活用事例などについて詳しく解説します。

**・第2章　生徒が主体的になる授業のしかけ**
**・第3章　生徒を数学好きにする教材のしかけ**

第2・3章では,認知能力と非認知能力を一体的に育成する数学でのギミック(=しかけ)を取り入れた事例をご紹介します。

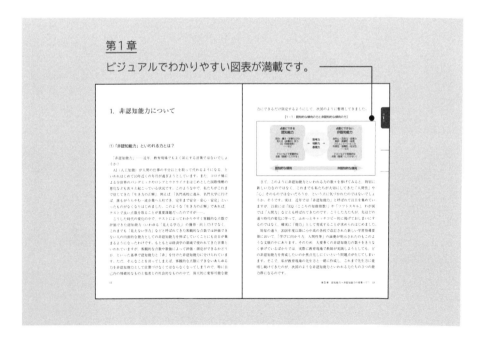

## 第2・3章

### 高校での実践事例をご紹介します。

---

**1. しかけ1**
**生徒同士で教え合いをする〔ピアサポート方式〕**

〔1〕高校 数学II 指数関数と対数関数
生徒同士の教え合いによってお互いに学習効果が上がった事例
「共通の問題解決に向けて級友と協力する。だからがんばれる。」

**この授業の概要**

これは進学校に赴任して2年目の授業で行った小テストで、教師が教え込み、ドリルのような演習を繰り返していたにもかかわらずあまり定着していないことがわかりました。時間が分かってもいいから生徒が自分で解決したという経験ができるような小テストをつくりたいと思ったのがきっかけです。

AとBともに上級の問題は難しくありません。Aは3次方程式の解と係数の関係で、Bは底の変換公式を用いて計算を行えばよいます。異なった同じ問題を考えている級友で確認するように指示します。考え方は一般説明で解くための教員をすると、ほとんどの児童が解します。生徒同士の相談の中で解決して。「隣の問題はほとんど手がついていない場合、「お互いの問題がヒントになっているから左右で相談してみよう」と指示を出します。

（隣の問題ですが）

$$\log_a a + \log_a b + \log_a c = \log_a c + \log_a a + \log_a b + \log_b \cdot \log_b c$$

と変形できます。この変形はB列の小テストで $\log_a b \cdot \log_a c$ の部分を計算すると $\log_a c$ となるのがヒントになっています。

44

B→Aで教えることができます。

しかしなぜ $\log_a c \log_a a + \log_a a \cdot \log_a b + \log_b \cdot \log_b c$ の値が必要なのか は3次方程式の解と係数の関係から、$\log_a b + \log_a c + \log_a a \log_b b + \log_b \cdot \log_a a$ の数がわかっているので、あと $\log_a c \log_a a + \log_a b + \log_a c \cdot \log_a a$ がわかれば $\log_a b$, $\log_a c$, $\log_a a$ を3つの解とする3次方程式をつくることができるからです。

A→Bで教えることができます。

3次方程式 $x^3 - 3x^2 + 3x - 1 = 0$ の解が $\log_a b$, $\log_a c$, $\log_a a$ になっており、条件からいは実数ひとより1であることがわかります。

したがって $\log_a b = 1$, $\log_a c = 1$, $\log_a a = 1$ から $a = b = c$ が得られました。

教師として教えたい気持ちをこらえながら、じっくり得られ続けては授業時間いっぱいになりましたが全員講の視点で三択にたどりつきます。このとき教師は教えるような満足感を得ますが、生徒にとっては「見守ってあげたおけがきちんと理解できます。

定期考査や模擬試験でもよい結果が出ているので継続して取り組んでいくといいでしょう。

**単元計画**

数学II
第5章 指数関数と対数関数（単元指導計画全11時）
第1節 指数関数（4時間）
第2節 対数関数（7時間）
　第1次　対数とその性質（1時間）
　第2次　対数関数（1時間）
　第3次　対数関数を含む方程式、不等式（2時間）
　第4次　対数関数を含む関数の最大値、最小値（1時間）
　第5次　常用対数（2時間）

第2章 ☆ ☆ ☆☆☆☆☆☆ 45

---

### 高校事例の分析と中学校での実践事例をご紹介します。

---

〔2〕分析
個人の問題と集団の問題を併用する

ここでは、ブルーナーによる数学学の状況理論に基づいて、主体的な学習を解釈してみたいと思います。この理論では、ビジョンの構成主義の考え方に基づいて、生徒が環境（例えば、問題の構成）に働きかけ、そこから想定になかったフィードバック（小さな困難、不均衡）をみいだす場面（同化と調節）しながら自身の知識を構成することを学習と考えます。つまり、外から知識があたえられるとか知識が後の既有知識に積み重なると見るのではなく、既有知識を再構築しながら新たな知識が構成されるとします。そして、主体的な学習は、教師から提示された問題が生徒にとって自分事となっている状況、生徒が環境との相互作用により自ら知識を構成し、教師には適切な働きかけが行われているような、生徒にとってあたかも教科書がそこであるかのような状況にもって実現されると解釈します。

**授業の分析と考察**

まず、教え込みでは生徒の数学的知識の定着が見られなかった要因は、生徒にとってその問題が自分事になっていなかったからであると考えます。生徒は、教師が「解きなさり」と指示したから問題を解いているのであって、決して自分が「解きたい」と思って解いているのではありません。先述は環境（問題）の要求でなく、教師の要求によって対象とする数学的概念との関係を形成しているため、主体的な学習を実現することができません。

一方で、今回提案された授業はどうでしょうか。最初に問題が配付された段階では、生徒にとっては教師が「解きなさい」と指示したから問題を解いて、自分事にはなっていないかもしれません。しかし、「お隣の問題がヒントになっているから相談してみよう」という教師の発問により、生徒たちにとっては自分事ではないか問題だが、すでに自分が解いて理解できた問題1および問題2と関連していることを知り、逆隣に自分事にな

50

〔3〕中学 全学年 全単元
日常の授業デザインの事例
「授業の枠組みを整えるだけでも非認知能力は育める！」

自ら学ぶ子どもを支えるたった2つのこと

生徒同士で気づきあったり、「自らやってみよう」や「もう少しやってみたい」を容認し、学習者主体的自ら学びを深めたりする授業にするために、私も長年西六人育てきてきました。そんな中、最近はこの2つさえきっかけば育まれる育くいくのではと思える方にしているようなカラツが再びのではこので紹介します。これら２外与えなければうまくいく２つのこと。ひとつは「環境」、もうひとつは「信じて待つ」ことです。

**生徒が学び合える「環境」はそもそも整っていますか？**

まずは「環境」について考えてみましょう。突然ですがみなさん質問です！ みなさん目の前に椅子があったら何をしようと考えますか……当然ですが、座れるのなら座りたい、そう思うのではないでしょうか？ 椅子を見て「ずっとさっていたい！」と、いうことはあまり考えないですよね。椅子という「座るもの」というデザインが、「人に座るという行動を誘導している」と言えるような「座りたい」「座る」を見たりられる。「カートは何に物を入れる」など、その場にある物の環境は、入れ行動が選択されるという側面があります。これはアフォーダンス理論（Teory of affordance）といってアメリカの心理学者ジェームス・ジェローム・ギブソンが提唱しています。では、この日場合この教室を見渡してみましょう。例えば「黒板がある」「生徒の常面は全部黒板の方を向いている」「前には先生がいる」など一般的な教室のイメージにこんな思ってはいないでしょうか。これをアフォーダンス理論の視点で切り取ってみると、「教室では黒板を見る」、

52

# 目　次

# 第2章　生徒が主体的になる授業のしかけ　43

# 第**3**章　生徒を数学好きにする教材のしかけ　101

第**1**章

# 認知能力×非認知能力の授業って？

## Chapter 1

# 1. 非認知能力について

## (1)「非認知能力」といわれる力とは？

　「非認知能力」……近年，教育現場でもよく耳にする言葉ではないでしょうか？

　AI（人工知能）が人間の仕事の半分以上を取って代わるようになる，といわれはじめて10年近くの年月が過ぎようとしています。また，コロナ禍による全世界のパンデミックやロシアとウクライナをはじめとした国際情勢の悪化なども次々と起こっている状況です。このような中で，私たちがこれまで信じてきた「生き方の正解」，例えば，「名門高校に進み，名門大学に行けば，誰もがうらやむ一流企業へ入社でき，定年まで安全・安心・安定」といったものがなくなりはじめました。このような「生き方の正解」であれば，テストで良い点数を取ることが重要課題だったのですが……。

　こうした時代の変化の中で，テストによってわかりやすく客観的な点数で評価できた認知能力（いわゆる「見える学力」）の獲得・向上だけでなく，これまでも「見えない学力」などと呼ばれてきた客観的な点数では評価できない人の内面的な能力としての非認知能力を伸ばしていくことにも注目が集まるようになったわけです。もともとは経済学の領域で使われてきた言葉といわれていますが，客観的な点数や数値によって評価・測定ができるかどうか，といった基準で認知能力と「非」を付けた非認知能力に分けられています。ただ，そんなことを言ってしまえば，客観的な点数にできないあらゆる力を非認知能力として位置づけなくてはならなくなってしまうので，特に自己内の情緒的なものと他者との社会的なものの中で，後天的に変容可能な能

力にできるだけ限定するようにして，次図のように整理してきました。

【1−1：認知的な傾向の力と非認知的な傾向の力】

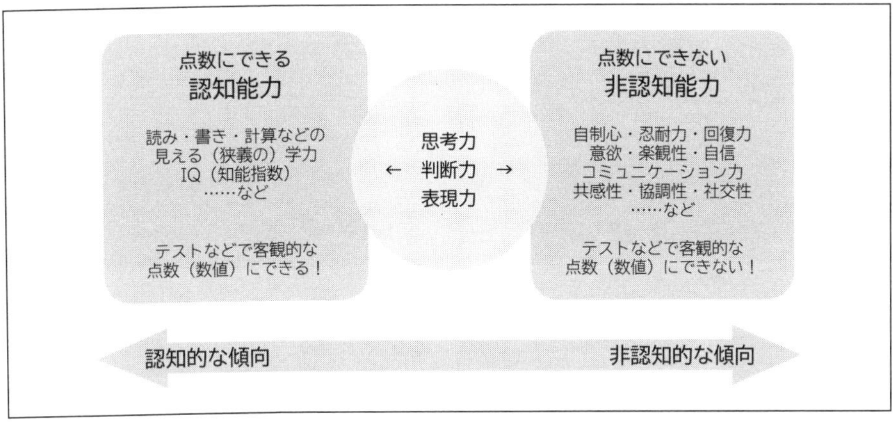

点数にできる
**認知能力**

読み・書き・計算などの
見える（狭義の）学力
IQ（知能指数）
……など

テストなどで客観的な
点数（数値）にできる！

思考力
← 判断力 →
表現力

点数にできない
**非認知能力**

自制心・忍耐力・回復力
意欲・楽観性・自信
コミュニケーション力
共感性・協調性・社交性
……など

テストなどで客観的な
点数（数値）にできない！

認知的な傾向　　　　　　　　　　　　非認知的な傾向

　さて，このように非認知能力といわれる力の数々を挙げてみると，特別に新しい力なのではなく，これまでも私たちが大切にしてきた「人間性」や「心」そのものではないだろうか，という点に気づかれたのではないでしょうか。そうです。実は，近年では「非認知能力」と呼ばれて注目を集めていますが，以前には「EQ（こころの知能指数）」や「ソフトスキル」，わが国では「人間力」などとも呼ばれてきたのです。こうした力たちが，先ほどの通り時代の変化に伴って，ふわっとキャッチコピー的に掲げておしまいにするのではなく，確実に「能力」として育成することが求められはじめました。

　周知の通り，2020年度以降に小中高の各校で改訂された新しい学習指導要領において，「学びに向かう力，人間性等」の涵養が明示されたのもこのような文脈の中にあります。そのため，大変多くの非認知能力の数々をきりなく挙げているばかりでは，実際に教育現場で教師が実践しようとしても，どの非認知能力を育成したいのか焦点化しにくいという問題点が生じてしまいます。そこで，私が教育現場の先生方と一緒に作成し，これまで先生方に提唱し続けてきたのが，次図のような非認知能力といわれる力たちの３つの能力群になるのです。

①自分と向き合う力

　自分にとってマイナスな事態が生じても，自分の内的状態をもとに戻すことのできる能力群

　例：自制心，忍耐力，レジリエンス（回復力）……など

②自分を高める力

　いまの自分を成長させるために，自分の内的状態を高めることのできる能力群

　例：意欲・向上心，自信・自尊感情，楽観性……など

③他者とつながる力

　他者（たち）と関係を構築するために必要となる社会的な能力群

　例：コミュニケーション力，共感性，社交性・協調性……など

【1－2：教育現場で活用可能な3つの非認知能力群】

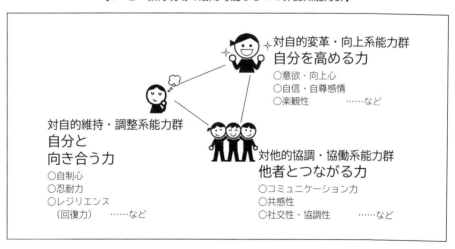

　このように分類してみると，生徒たちのどの非認知能力を育成しようとしているのかを明らかにしていただけるのではないでしょうか。さらに，このように分類したことによって，それぞれの非認知能力群の特徴についても整理することが可能となります。次表をご覧ください。

## 【1-3：状況に依存しやすい両義的な非認知能力】

| 3つのグループ | プラスの面 | マイナスの面 |
|---|---|---|
| 対自的維持・調整系能力群<br>**自分と向き合う力**<br>　自制心<br>　忍耐力<br>　レジリエンス（回復力）<br>　　　　…など | ・いつも安定していて，表情や態度に落ち着きがある。<br>・計画などに忠実で規律正しく，忍耐強さと注意深さがある。<br>・凹むことがあっても気持ちを切り替えて，再び取り組める。 | ・周囲に対して自分の感情の変化が理解されにくい。<br>・想定外の突然の出来事に弱く，臨機応変な対応が苦手。<br>・ストレスなどの精神的な負荷を抱えすぎてしまう。 |
| 対自的変革・向上系能力群<br>**自分を高める力**<br>　意欲・向上心<br>　自信・自尊感情<br>　楽観性<br>　　　　…など | ・新しいものを好み，そこに喜びを感じられる。<br>・難しいことに直面しても自分の可能性を信じることができる。<br>・いろいろなことに取り組む中で楽しみを感じることができる。 | ・新しいものを好むために，一つのことが持続しにくい。<br>・無謀な挑戦をしてしまい，リスクの想定や計画的な取組が苦手。<br>・楽しみが独りよがりになってしまい周囲と合わなくなる。 |
| 対他的協調・協働系能力群<br>**他者とつながる力**<br>　コミュニケーション力<br>　共感性<br>　社交性・協調性<br>　　　　…など | ・他者との意思疎通をとりやすい発信と受信ができる。<br>・他者の感情や思いをその理由や背景も含めて想像的に理解することができる。<br>・人当たりのよさがあって，たくさんの人と仲良くできる。 | ・自分と相手との一致感を押しつけてしまいやすい。<br>・相手に心を砕きすぎてしまい，精神的な疲労が生まれやすい。<br>・他者との衝突を避けるために自分の主張が少なくなる。 |

ここで最も強調したい点は，非認知能力は必ずしも高ければ高いほど良いというわけではないということです。我慢強さは過度なストレスを生み出し，自信が過ぎてしまえば過信へ変わり，誰とでも仲良くしようとするあまりに自分の意見や主張を埋没させてしまいかねません。「両義性」という言葉がありますが，非認知能力はその状況に依存して，プラスに発揮できる場合とマイナスに発揮してしまう場合とがあり得ます。そのため，認知能力のように，「満点を取る」という明確な目標設定が難しくなってしまうのです。もちろん，個々の生徒の課題となる非認知能力を育成するために働きかけるのですが，同時にその非認知能力を状況に応じて使いこなせるように育てていくことも大切になってくるでしょう。

## ⑵生徒たちの非認知能力を育成するために

　ここまで，「非認知能力」といわれる力について説明してきました。そして，ふわっとキャッチコピー的に掲げるのではなく，確実に「能力」として育成することが求められるようになったという点についても確認できました。それでは，実際に学校現場において生徒たちの非認知能力をどうやって育成すればよいのか……この点について関心を高めていただけているのではないでしょうか。実際に，ここ最近の校種を問わず小中高の各校から「どうやって非認知能力を育成するのか？」というお問い合わせの増え方には目を見張るものがあります。

　特に，脳内で非認知能力を司るといわれている前頭葉前頭前野は，9・10歳から18歳ぐらいまでの間が伸び盛りの時期にあるともいわれているため，幼児期もさることながら，児童期や青年期にかかわられている先生方に対する期待も必然的に高くなることでしょう。そこで何よりも重要な点は，どうやって生徒たちのなんらかの非認知能力を育成するのか……その育て方です。そこで，まず次の「非認知能力育成のためのピラミッド」をご覧ください。

【1－4：非認知能力育成のためのピラミッド】

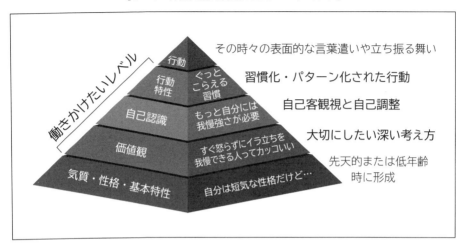

生徒のなんらかの非認知能力を育成するということは，生徒の人格形成を助ける（支える）ことにつながります。この人格を後天的に形成される人間性としたときに，人格の中核にあるのは，先天的な情動的特徴である気質と低年齢時に形成されていく性格となります。そのため，ピラミッドの底辺には気質や性格，発達障害特性をはじめとした基本特性が位置づけられるでしょう。ここは，非認知能力に影響を与えるものの，後天的に変えていくことは難しいところでもあります。しかし，そのもう一つ上に位置づく価値観は，後天的に身につけ，以降も変えていくことが可能です。この価値観は，なんらかの非認知能力を自ら伸ばしていこうとする意識のベースとなるもので，自分が大切にしたい深い考え方（ポリシーやモットー）です。私たちは，人との出会いや様々な経験を通じて，新しい価値観を持ったり，既存の価値観を更新したりすることで，なんらかの非認知能力を意識して伸ばそうとしていきます。

しかし，価値観が意識のベースをつくったとしても，いまの自分に必要な意識や行動が何かを明確にできていなければ，非認知能力を伸ばすには至りません。そこで必要になってくるのが「自己認識（またはメタ認知）」です。

自分自身を客観的に観察して，いまの自分に必要な意識や行動をはっきりさせることができれば，以降の自らの調整につなげていけるでしょう。例えば，短気な性格の人が，我慢強くて寛容な人でありたいという価値観を持ったとき，そんな人になるために必要な我慢強さ（忍耐力）を意識したり，「腹が立ってもぐっとこらえる」という行動をしようとしたりできるわけです。そして，こうした行動の変容が持続することで，習慣として定着（パターン化）させ，それを当たり前のようにできるようになってくれば「行動特性（またはコンピテンシー）」へ結びついていくことになります。

　したがって，教師は生徒の価値観や自己認識や行動特性に働きかけるために，直接的にほめたり，注意したり，教えたり，励ましたりしながら，生徒へ押し付けるのではなく，意識できるように促す意識づけを行っているはずです。生徒の非認知能力は，外側から押し付けても育成することはできません。あくまでも自分で意識することでしか伸ばしていけないのです。だからこそ，先ほどのような直接的な意識づけや授業などの教育活動の中で生徒が意識できる機会を仕掛けていくような間接的な意識づけが，教師の働きかけとして求められています。しかし，このような教師の働きかけは，いまになって求められていることなのでしょうか？

## ⑶チーム学校で非認知能力を育成するために

　これまでも校種を問わず学校の先生たちは，児童や生徒の非認知能力の育成に少なからず携わってこられてきたはずです。なぜなら，教育の本質が児童や生徒の人格形成を助ける（支える）営みであり，教師はその専門職者であり，学校は児童や生徒が人格形成をする場だからです。つまり，教師である以上は，児童や生徒の人格形成を助けて（支えて）きたはずですし，そのために必要ななんらかの非認知能力の育成に取り組んできたはずです。だからこそ，冒頭から非認知能力は決して新しい力ではないということを強調してきました。

　たしかにこれまでも「熱心な先生」,「信頼されている先生」,「アタリの先生」と呼ばれてきた, いわゆる「できる先生」たちは, 言うまでもなく上述のようなことに力を注いでこられてきました。ところが, 大変残念なことに, これまでは「できる先生」たちの個人的な努力に依存してきたといっても過言ではないでしょう。そのため, 特定の先生は認知能力だけでなく非認知能力の育成にも力を注いできたのですが, それ以外の先生は認知能力の獲得・向上についてのみ授業等で取り組んできたというケースも大いにあり得ます。しかし, それが許されなくなってきたわけです。時代の変化もさることながら, そもそも学習指導要領において「学びに向かう力, 人間性等」の涵養が明示され, 2024年4月以降は高等学校のすべての学年が, 新しい学習指導要領へと移行します（中学校はすでに2023年4月にすべての学年が移行しました）。

　それにもかかわらず, いまだに特定の「できる先生」だけが個人的に認知能力も非認知能力も育成していないでしょうか。これからは, 学校全体が, チーム学校が組織的に取り組んでいけるかどうかが問われているのです。

【1−5：チームで取り組むための教育実践ステップ5.0】

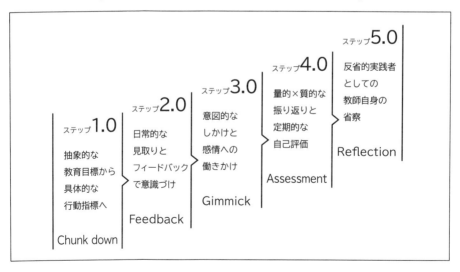

そこで，チーム学校として具体的にどのような取組を進めていけばよいのか，ということになるのですが，私からは，この「教育実践ステップ5.0」をチーム学校で組織的に一つずつ進めていただくことを提案しています。最初のステップ1.0は，多くの学校が学校として育てていきたい非認知能力を学校教育目標に掲げている点に着目して，この抽象的な学校教育目標を具体的で汎用的な行動指標へ落とし込んでいく「チャンクダウン」から始まります。そこから，生徒を見取ってフィードバックすることで直接的な意識づけにつなげていくステップ2.0へ続きます。そして，本書の中心的なテーマでもあるステップ3.0です。このステップでは，授業の中へギミック（心動かすしかけ）を入れることで認知能力と非認知能力を一体的に育成できるようにしていきます。そして，生徒自身の振り返りによるアセスメントから教師自身の実践の省察へつなげていくステップ4.0と5.0に到達するわけです。このように体系立てることで，学校全体がいまどこに到達しているのか，次は何を取り組んでいけばよいのかを明確にすることができます。併せて，学校教育目標を具体化したステップ1.0での取組が，ステップ5.0に到るまで活用できるため，学校教育目標をチーム学校における共通の指標とすることができ，「絵に描いた餅」になることもありません。

　本書では，以降はステップ3.0の授業におけるギミックを中心に進めていきますので，「教育実践ステップ5.0」全体にご興味のある方は，拙著『教師のための「非認知能力」の育て方』（2023年8月，明治図書）で詳しく書いていますので，そちらをご参照ください。

# 2. 認知能力×非認知能力を育てる 授業の重要性

## (1)前のめりになれる授業

　授業では認知能力，学校行事や特別活動では非認知能力を育てる……こうした誤解をされている方がときどきいらっしゃいます。このような誤解をされる気持ちもわからなくはないのですが，もしそうであるなら学習指導要領で「学びに向かう力」と明示される理由が見えなくなってしまいませんか？

　いま，私たちが取り組んでいるのは，このような誤解がないように，授業でこそ認知能力と非認知能力を一体的に育てていこうという取組なのです。「生きる力」の3つの柱の通り，学校の教育活動を通して「知識及び技能」と「思考力，判断力，表現力等」，そして「学びに向かう力，人間性等」を育てていきたいわけですが，これらを別々のものとして育てていこうとすればするほど，先ほどのように授業と授業以外で分けてしまうようなことが起こってしまいます。そこで，なんらかの知識及び技能（認知能力）を獲得できるようにしていこうとしたとき，そのために必要となる学びに向かう力，人間性等（非認知能力）は何なのかを同時に考えていけばよいのです。例えば，非常に難しい問題を解くことが求められる授業の場合，いつも以上に忍耐力や向上心を発揮したほうがよいかもしれないな……とか，グループでの協力が必要不可欠な授業の場合には，特に協調性を発揮したほうがよいな……といった具合に，教師があらかじめ認知能力側だけを意識するのではなく，非認知能力側も意識しておくとよいでしょう。

　さらに，こうした非認知能力を生徒たち自身も意識できるように，授業開始時に本時では「○○○○力（非認知能力）」を特に意識していこうという

提示を教師からしてみたり，非認知能力のメニュー表のようなものを使って，生徒たちが各自で意識できるようにしてみたりといった取組をしている学校も増えてきました。うれしいことに，こうした取組をしている学校では，認知能力（教科における知識及び技能）を獲得するために意識してもらいたい非認知能力のことを，「非認知能力のめあて」や「学び方のめあて」と呼んでいます。また，ある専門学校では，資格取得のための勉強の際に，これまでは具体的に獲得してほしい点数やどの知識・内容を理解しなければならないのか……といった指示を学生にしていたそうです。ところが，専門学校全体をあげて組織的に非認知能力にも目を向けていこうという動きが生まれ，その中で学生たちと非認知能力の中のどれを意識すれば目標点数を獲得できるだろうか，といった声かけに切り替えた先生がいらっしゃいました。するとどうでしょう，これまでの教師側の指示とは違う学生の反応が得られ，実際に目標点数の獲得にもつながったそうです。このように，認知能力の獲得だけを切り離すのではなく，非認知能力との相補的な関係をつくり出して，一体的な育成を目指すことが相乗効果を生み出すと期待できるようになりました。

【1-6：認知能力と非認知能力の一体的な育成】

## 学校で認知能力と非認知能力を一体的に育てる！

いま，児童・生徒に　　どんな**認知能力**を　　獲得・向上させたいのか

必要な非認知能力は？

そのために　　どんな**非認知能力**を　　**育成したいのか**
=どんな非認知能力に刺激を与えたいのか？

２つの力を切り離すのではなく，相補的な関係を持たせることで
認識能力と非認知能力を一体的に育成する教育……
つまり，児童・生徒が「前のめりになれる授業」が実現する!!

　みなさんは，ご自身が児童や生徒だった頃の授業で，いまでも記憶に残っている授業はありますか？　私は，いまでもしっかり記憶に残っている授業があります。例えば，私が小学３年生（いまから40年ほど前）だったときの算数の授業です。あのときの授業では，クラスのみんなが一人ずつ１メートルの竹ざしを手にして，校門の前に集合しました。そして，一人ひとりが順番に１メートルの竹ざしを並べていくのです。それを1000回続けて，小学校の校門から１キロメートル先の場所（校外）まで行くという授業でした。そして，複数回の授業を使って，遂に私たちは１キロメートル先へ到達することができました。この授業のおかげで，私は1000メートルが１キロメートルであること，小学校の校門から１キロメートル先は神社の近くの「あの場所」であることをはっきりと理解できたわけです。それが，40年経っても鮮明に記憶に残っているのですから，授業の力ってすごいですよね。みなさんは，いつの時代のどんな授業が記憶に残っていますか？

　ここで，先ほどの私の経験を脳科学の知見を借りながら説明することにしましょう。上述した通り，非認知能力は前頭葉前頭前野が司っているといわれています。ここには，思考や感情に必要な機能が詰まっているそうです。一方，認知能力の基盤ともいえる様々な知識を記憶するための機能は別のところにあります。ちょうど下図のような位置関係になっています。

【１−７：脳内で認知能力と非認知能力を司るところは？】

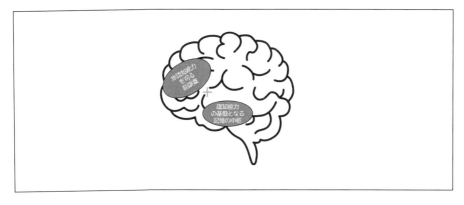

このように脳内の別々のところで非認知能力と認知能力を司っているのですが，決してそれぞれが別々に機能しているわけではありません。特に，前頭葉前頭前野側が活発になると記憶の質も向上するといわれています。つまり，「えっ，どういうこと？」，「もっと知りたい！」，「う〜ん，むずかしい……」といった思考や感情の動きが生まれることで，そこに紐づいた知識の獲得にも，さらにはその知識の定着にも効果的なのです。だから，先ほどの私のように，40年経っても「1キロメートル」がしっかりと記憶に残っているのでしょう。これまで，私は「認知能力と非認知能力を一体的に育成する授業」という言い方をしてきましたが，この授業は決して特別なものではありません。一言で言ってしまえば，児童や生徒にとって「前のめりになれる授業」こそが，まさに双方の力を一体的に育成することになるわけです。

## ⑵授業へギミックを入れる

みなさんもよくご存じの「主体的・対話的で深い学び」ですが，この主体的・対話的で深い学びへ向かうプロセスに，上述した認知能力と非認知能力を一体的に育成する授業がかかわってくるといえます。また，上述した間接的な意識づけについても，同様です。私たちは，これらの学びに共通して必要なものを「ギミック」と呼んでいます。

「ギミック」を簡潔に日本語に直してしまえば「しかけ」です。つまり，生徒が主体的・対話的で深い学びができるようにするために……，認知能力と非認知能力を一体的に育成するために……，そしてなんらかの非認知能力を間接的に意識づけるために……教師が授業などで意図的に仕掛けていくということになります。ところで，この場合の「しかけ」は，あくまでも教師が直接的に伝えたり教えたりすることとは区別しています。高等学校の授業でよくいわれる「チョーク＆トーク」という言葉がありますが，これは教師がチョークを片手に黒板へ板書し，教師による一方向的な語りを通じて教える授業のことですね。このような一方向的に教える授業では，先ほどのよう

な学びを生徒に提供できません。後述しますが，すべての授業においてチョーク＆トークをなくしていくという話ではなく，チョーク＆トークだけの一方向的な授業ばかりであれば，生徒たちの認知能力の獲得にも非認知能力の育成にもつながりにくいということなのです。つまり，下図のような考え方になります。

【1－8：ギミックとは意図的な媒介】

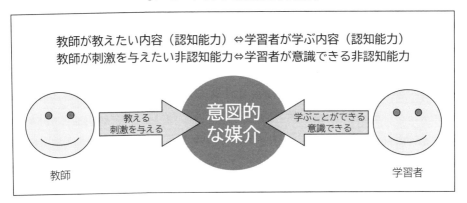

教師が教えたい内容（認知能力）⇔学習者が学ぶ内容（認知能力）
教師が刺激を与えたい非認知能力⇔学習者が意識できる非認知能力

教える
刺激を与える

意図的な媒介

学ぶことができる
意識できる

教師　　　　　　　　　　　　　　　　　　　　　　　学習者

この図の通り，学習者（ここでは生徒）が学ぶ主体であるためには，教師が教えたいことを直接的で一方向的に教えるだけではなく，教えたいことをなんらかの意図的な媒介によって生徒が自ら学べるようにしていくわけです。これは知識及び技能（認知能力）を獲得できるようにしていくためにも，なんらかの非認知能力を育成するための間接的な意識づけのためにも必要です。そして，この媒介こそが「教材」であったり「しかけ」であったりするわけです。ちなみに，幼児教育では子どもたちに学んでほしいことがあれば，意図的に環境を構成してそれらを学べるようにしています。例えば，子どもたちに他児と折り合いをつけて遊べるようになってほしい場合には，2人に1本のスコップを意図的に用意して，砂場遊びができるようにするわけです。すると，子どもたちはその（2人に1本のスコップという）環境から「貸して・いいよ」といった折り合いをつけながら遊ぶことを経験できるようになるでしょう。これを幼児教育では「環境構成」と呼んでいますが，まさに

「しかけ」そのものですね。ただし，授業などの教育活動において，認知能力と非認知能力とを一体的に育成する上では，このしかけにさらに吟味を加えていく必要があります。それが，下図の「ギミックの3要素」です。

【1-9：ギミックの3要素】

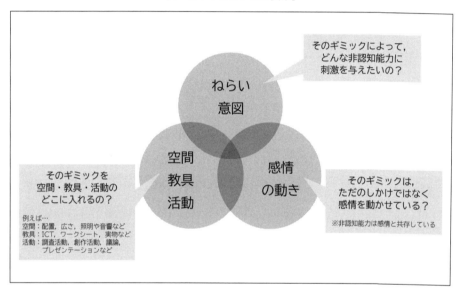

この図のように，「しかけ」を「心動かすしかけ（＝ギミック）」にしていくためには，次の3つの要素が必要となります。

①ねらい・意図

　生徒たちに授業などの教育活動を通してどのような非認知能力を意識してもらいたいのか（刺激を与えたいのか）を明確にしておきましょう。なお，教師側のねらい・意図が実際に個々の生徒の意識したものと異なっている場合もあり得ます。仮にその違いがあったとしても問題はありません。

②空間・教具・活動

　教師による直接的なパフォーマンスではないので，教師以外の空間（教室の使い分けや席の配置など），教具（ICT や実物，ワークシートなど），活

動（調査活動，創作活動，ディスカッションやプレゼンテーションなど）へ意図的に仕掛けていくことになります。もちろん，教師による発問や演出などはこれらの効果を高めるために必要です。

③感情の動き

　脳内で非認知能力を司る前頭葉前頭前野を見ても，非認知能力と感情は共存しているといってもよいでしょう。また認知能力の獲得を効果的にするためにも感情の動きは重要だとわかりました。上の①と②だけでしたら，単に「しかけ」と呼んでもよいのですが，あくまでもなんらかの非認知能力に刺激を与えるために感情を動かすしかけ（＝ギミック）でなければなりません。

　これら３つの要素によってギミックを授業などの教育活動へ入れていくことが可能となります。そして，このようなギミックの入った授業だからこそ，生徒たちは前のめりになることができるのではないでしょうか。ただし，あくまでも知識及び技能や思考力，判断力，表現力等に関する目標を達成するために，どのような学びに向かう力，人間性等が必要なのかを考えてギミックを入れるようにしてください。知識及び技能などと関係のない，単に授業を面白くするためだけのゲームを取り入れることは，その授業におけるギミックとはいえませんのでご注意ください。なお，実際にギミックを授業などの中へ入れていくための方法については，次節の「ギミックブラッシュアップシート」の活用をおススメしています。

## (3)単元全体を俯瞰する

　「主体的・対話的で深い学び」の大切さが注目される前に，私たちは「アクティブ・ラーニング」という言葉をよく使っていました。学生や生徒，児童たちが能動的に学ぶために，グループディスカッションやプレゼンテーションなどのアクティビティを授業の中へ入れていくといった手法です。そして，そのような流れが教育界全体につくられていく中で，授業のすべてをこ

のようなアクティブ・ラーニングに変えていかないといけないような錯覚に陥ってしまった方もいらっしゃったのではないでしょうか。先ほどは，チョーク＆トークの授業を否定するかのようにお伝えしましたが，逆にすべての授業をアクティブ・ラーニングにする必要もありません。私は，何事も中庸が大切だと考えていて，単元のすべてが一方向的なチョーク＆トークでなくてよいし，すべてが双方向的なアクティブ・ラーニングでなくてもよいと考えています。むしろ，単元全体を俯瞰してみたときに，単元全体をつくり出す授業というピースが，それぞれにどのような役割を果たせばよいのかを考えて，単元及び授業をデザインしていく必要があるのではないでしょうか。新しい知識や技能と出会う授業もあれば，その知識や技能を使いこなしながら思考・判断・表現をしていく授業もあります。それぞれの授業の役割に応じて，その役割を果たせるための授業をデザインしていってほしいですね。そのためにも，単元全体を俯瞰することが必要不可欠です。

　そこで，単元全体を俯瞰するために，次のような単元マップを提案しています。こちらは，縦軸の「教師主導⇔学習者主導」，横軸の「個人⇔集団」をクロスして領域化したマップです。ここに単元を構成する各授業がどこに位置づけられるのかをマッピングすればよいわけです。右上であれば一斉授業，右下であれば協働学習，左下は個別学習，左上は個別支援の傾向が強くなります。そのため，左上の個別支援だけが独立することはないと思われますが，それ以外の３つの領域のどこを主軸にしたい授業なのかが把握できますし，一斉授業で新しい知識と出会ってからの個別学習や協働学習……といった授業の流れやバランスもわかりやすくなることでしょう。ぜひ，ご活用ください。

【1−10：単元全体を俯瞰するための単元マップ】

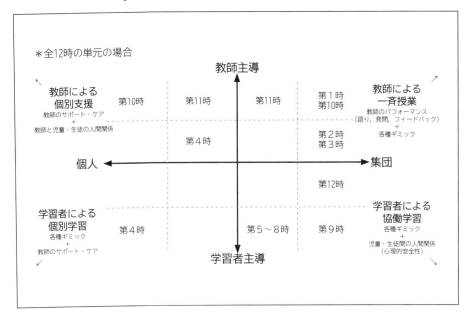

上の単元マップの通り，ギミックそのものはどの授業にも入れることができます。ただし，該当する領域によってもギミックの内容が異なります。単元全体を俯瞰することで，各授業におけるギミックも入れやすくなることが期待できますので，ぜひ，挑戦してみてください。

# 3.「ギミックブラッシュアップシート」を活用した授業提案

## ⑴ギミックブラッシュアップシートの作り方

　それでは，ここでは授業を中心として効果的かつ具体的にギミックを入れていくための「ギミックブラッシュアップシート」の作り方をご紹介したいと思います。その前に，「ブラッシュアップ」の意味について少しだけご説明しておきますね。京都府向日市立寺戸中学校は，私が継続的にかかわりを持たせていただいている学校の一つですが，授業中のギミックの必要性を強く感じつつも，ギミックを入れていくという過程に先生方も難しさを感じられていたようです。研究主任の先生からもご相談を受け，「何がギミックになるのか？」，「どのような意図を持てばギミックを入れられるのか？」が先生方に明確にわかるようなツールがあれば……というご要望をいただきました。そこで誕生したのが，ギミックに焦点化してギミックに磨きをかけていくための簡易的な授業案（本時案）だったのです。それ以降，現場の先生方のご要望に合わせて改良を加えてきたものが，次頁のギミックブラッシュアップシートになります。いまでは，全国の小中高各校の先生方にご活用いただいていて，正式（フォーマル）な指導案に対して，「カジュアル指導案」などとも呼んでもらっています。たしかに，作成時間が明らかに少なくて済むだけでなく，先生方が授業の山場をどこに持っていきたいのか，そこにどんな認知能力と非認知能力を育成したのかがはっきりわかるため，授業後の検討会などでも有効活用できているところです。

※右の QR コードからもダウンロード可能です。

〈ギミックブラッシュアップシート2023〉

| ギミックブラッシュアップシート | | 授業者 | |
|---|---|---|---|
| 教　科 | | 学年 など | |
| 単　元 | | | |
| 本時の目標 | | | |

| | 序盤：ギミック① （　　分頃～　　分頃） | 中盤：ギミック② （　　分頃～　　分頃） | 終盤：ギミック③ （　　分頃～　　分頃） |
|---|---|---|---|
| 非認知能力 | | | |
| ギミック | | | |
| | □空間・□教具・□活動 | □空間・□教具・□活動 | □空間・□教具・□活動 |
| 予想できる姿 | | | |
| 感情イメージ | 開始　　　　　　　　　　　　　　　　　　　　　　　　　　　　終了 | | |

このギミックブラッシュアップシートは、上側の四分の一に「知識及び技能」や「思考力、判断力、表現力等」に関する本時の目標を記入することができます。

【1−11：ギミックブラッシュアップシートの書き方①】

| ギミックブラッシュアップシート | | 授業者 | |
|---|---|---|---|
| 教　科 | | 学年 など | |
| 単　元 | | | |
| 本時の目標 | | | |

主に本時のめあてを中心に
「知識及び技能」、
「思考力、判断力、表現力等」に関する内容

その上で、授業を３分割（時間的な３分割でも、導入・展開・まとめによる３分割でも可能）して序盤と中盤と終盤のそれぞれに、生徒たちに刺激を与えたい（意識してもらいたい）非認知能力（学びに向かう力、人間性等）を記入していきます。その非認知能力に合わせて、具体的なギミック（空間・教具・活動）を記入して、そのギミックによって予想できる生徒たちの反応も記入していきます。

なお、ここでステップ1.0（学校教育目標のチャンクダウン）がすでに完了している場合には、その項目をチェックボックス化することもでき、作業の簡素化につなげられるでしょう。

## 【1－12：ギミックブラッシュアップシートの書き方②】

| | | 序盤：ギミック① <br>（　　分頃～　　分頃） | 中盤：ギミック② <br>（　　分頃～　　分頃） | 終盤：ギミック③ <br>（　　分頃～　　分頃） |
|---|---|---|---|---|
| 「学びに向かう力，人間性等」（非認知能力）に焦点化した内容 | 非認知能力 | ステップ1.0をクリアしている場合は→→→ | (例)<br>□自分と向き合う力<br>□自分を高める力<br>■他者とつながる力 | (例)<br>■回復力　□自制心<br>□向上心　■自信<br>□社会性　□寛容性 |
| 具体的にどのようなことを仕掛けるのか（教師の直接的な働きかけ以外）を記入 | ギミック | | (例)<br>○○○○についてまとめたそれぞれの意見を出し合い，お互いの「ほめポイント」を3つずつ指摘する。 | (例)<br>最後に用意した「超難問」を本時で学んできたことを活用しながら解く。 |
| | | □空間・□教具・□活動 | (例) □空間・□教具・■活動 | (例) □空間・■教具・■活動 |
| 学習者集団や特に意識したい児童・生徒の反応をイメージしながら記入 | 予想できる姿 | | (例)<br>最初は「ほめポイント」を3つ見つけることに困るが，内容から話し方まで「ほめるポイント」がいろいろあることに気づけるようになって，相手が話しているときに熱心に注意を向けるようになる。 | (例)<br>難しいと感じた場合には，一度くじけそうになると思われるが，本時で学んだことが活用できると気づき（教え合い），できなかった問題ができるようになったことを実感できるようになる。 |

　そして，最後には，ギミックを入れるタイミングで動くであろう（動かしたい）生徒たちの感情イメージを曲線に描いてみるのです。この感情曲線を描くことが，ただのしかけではなく，心動かすしかけ（＝ギミック）にしていく最大のポイントになります。教師は，生徒たちの現状を踏まえて，あくまでも「見立て」として感情をイメージしていくわけですが，この際に枠内

の中間にあるニュートラルなところから，意図的に「わかる！　できる！　もっとやりたい！　めっちゃ楽しい！」などのプラスの感情を引き出したいときは上側に曲線を描きます。一方で，意図的に「う〜ん，難しい！　くそっ，わからん！　これはやばい！　どういうことだ!?」などのマイナスの感情（特に，危機感や不安感や緊張感）を引き出したいときは下側に曲線を描いてください。このマイナス（下側）の曲線は，あくまでも教師が意図的に引き出したい感情であり，単に「だるい……ねむい……面倒くさい……」といった感情は該当しませんので注意が必要です。また，感情をイメージする際には，生徒たちの全体的（平均的）な感情の動きをイメージしていただいてもよいですし，とりわけ感情の動きにくい生徒に焦点を当ててイメージしていただいてもよいです。それぞれの先生にとって感情イメージがしやすいやり方で取り組んでみてください。

【1−13：ギミックブラッシュアップシートの書き方③】

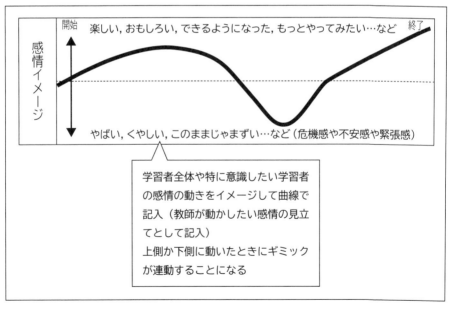

　このように授業中の生徒たちの感情の動きをイメージしながらギミックを入れていけば，授業に活気が生まれ，生徒たちが前のめりになる授業へ変わっていくことは容易に想像できるでしょう。ただし，これまでも個人的な「できる先生」はご自身の授業の山場であったり谷場であったりをあらかじめ頭の中でイメージして授業をされてきたはずです。それが仮にチョーク＆トーク中心であったとしても，生徒たちの「食いつきどころ」を想定しながら授業をされていたことと思います。しかしながら，それはやはりあくまでも個人レベルで完結してしまっており，ギミックブラッシュアップシートのようなツールで可視化はされてきていませんでした。頭の中だけではチーム内で共有できませんが，可視化さえできれば共有もできます。

　このシートは，先生方がチーム学校で，生徒たちが前のめりになって認知能力も非認知能力も一体的に育成できる授業を実現するための一つの手立てとして活用してみてください。

## (2)ギミックブラッシュアップシートの事例

　ここで，実際のギミックブラッシュアップシートをご紹介しておきましょう。本書の共著者でもある有岡桂佑先生のギミックブラッシュアップシートです。有岡先生は，本書で紹介している授業の一部をこのシートへ書き起こしてくださっていますので，併せてご参考にしてみてください。

　なお，本書は数学をテーマにしているため，数学の授業を紹介していますが，すべての教科において活用できますので，他教科の先生方にもご紹介ください。

| ギミックブラッシュアップシート | | 氏名 | 有岡桂佑 |
|---|---|---|---|

| 教科・学年など | 理数数学特論・高2 |
|---|---|
| 単　元 | 平面ベクトルの内積 |
| 本時の内容・めあて | 事象を数学的にとらえ，論理的に考えるとともに，思考の過程を振り返り多面的に考えることができる（数学的な見方や考え方）【数学科の目標】<br>問題解決に向けて既習事項，他分野，先行研究との繋がりを考え，数学的に探究することができる［Ⅴ　垣根を越える力］【育てるⅰコンピテンシー】 |

| | ギミック①<br>（10分頃〜15分頃） | ギミック②<br>（15分頃〜25分頃） | ギミック③<br>（35分頃〜40分頃） |
|---|---|---|---|
| 引き出したい力 | （自分と向き合う）<br>自分の思考の過程を振り返る力 | （つながる）<br>他者に自分の「なぜ」を打ち明けることができる共感性<br>（高める）<br>質の高い「なぜ」や他者が気付いていない「なぜ」を提案できる力 | （自分と向き合う）<br>振り返りを通して，探究ができた（できなかった）理由を説明できる力 |
| 仕込みたいギミック | (2)の問題文と(1)(2)の解答を見て「なぜ」と感じた部分を取り出す。<br>＊(1)の問題文を空欄にしておき情報を少なくしておく。 | グループで「なぜ」を共有する。Jamboard を用いて個人で「なぜ」を発表し，対話，まとめ，合意形成を経てグループでの「なぜ」を１つに決める。 | 生徒全員の振り返りの記述をテキストマイニングし，頻度の多いキーワードを黒板に表示する。 |
| | □空間ギミック<br>☒教具ギミック<br>□活動ギミック | □空間ギミック<br>□教具ギミック<br>☒活動ギミック | ☒空間ギミック<br>□教具ギミック<br>□活動ギミック |
| 期待できる姿 | 既習事項との繋がりを考え，自ら問いを立てる姿<br>論理の飛躍を数学的考察で埋めようとする姿 | グループの中で自分の「なぜ」の質を理解しようとする姿<br>＊他者も多数出している共感性の高い「なぜ」なのか，誰も気付いていないユニークな「なぜ」なのかをグループ活動を通して個々の生徒が理解していく。 | クラスの中で自分の「なぜ」の質を理解しようとする姿<br>受講者でなく参加者として授業に関わる姿 |
| 感情イメージ | | | |

開始　　ギミック①　ギミック②　　ギミック③　終了

## ⑶ギミックブラッシュアップシートから授業改善へ

　先ほどもふれましたが，このギミックブラッシュアップシートは，授業前に本時案として作成するだけでなく，授業を終えた後の授業検討や授業改善にも大変有効なツールとなっています。例えば，授業後に改めて授業者である教師が生徒たちの感情がどのように動いただろうかという感情曲線を描いてみることもできるでしょう。もし，授業者以外の先生が授業を参観されているのでしたら，その先生から見た生徒たちの感情曲線を描いてもらうこともできます。さらには，生徒たち一人ひとりに授業の振り返りもかねて自分の感情がどのように動いたのかを描いてもらうことも可能です。実際に，これらの方法を組み合わせて授業検討に取り組む学校も増えてきました。授業後と授業前の感情曲線を比べてみることで，感情の一致やズレが明確にできるため，一致しているところでは，どうして一致できたのかを検討でき，ズレているところでは，どうしてズレてしまったのかを検討して改善策（例えばギミックのさらなる工夫など）を考えていくこともできます。

　さらに，学校全体で授業検討をされるときには，上述のような検討を教員間で行った後に，自分たちが考えたギミックブラッシュアップシート案を発表して，クリエイティブな授業検討を行うところも増えてきました。このような取組によって，教科横断的に生徒たちが前のめりになれるような授業の「引き出し」を増やせるようになるでしょう。とりわけ「教科横断的に」という点が重要で，単一教科内で授業検討を行うのではなく，いろんな教科の先生方が自身の教科外の授業について話し合うことで，チームとしての連帯感が生まれるだけでなく，単一教科にはなかった視点を取り入れられるわけです。ギミックブラッシュアップシートを使った授業検討では，教科に特化した専門的な知識及び技能などから検討を進めていくのではなく，生徒たちの感情の動きから検討を進めていくので，教科横断的な検討がしやすくなるということも大きな特徴の一つです。

# 4. 数学教育で取り組んだ意味

## ⑴認知能力の獲得だけに力点を置きすぎてしまうと……

　以前，ある小学生を対象にしたテニススクールから「非認知能力の育成を
テニススクールの中で取り組みたいけど，どうしたらよいだろうか？」とい
うご相談をいただきました。非認知能力は，この力だけを切り離して，特別
に訓練するものではなく，なんらかの活動や経験の中で伸ばしていくもので
あるため，もちろんテニスであっても数学の授業であっても育成は可能です。
ただし，上述した通り，指導する側が直接的な意識づけや間接的な意識づけ
をいかにできるかということが問われてくることになります。実際に，この
テニススクールでは具体的な取組を始めていきましたが，当初はとても苦戦
していました。というのも，指導する側のコーチたちが，これまでずっとテ
ニスの技術向上に意識を向けてきたため，練習中の技術以外の姿……例えば，
友達への助言や応援，さりげないボール拾い，コート脇での一生懸命な素振
りなどを見取ることが難しかったようです。もちろん，いとも簡単にやって
のけるコーチもいました。そんなコーチは，これまでもずっとそこへ意識を
向けられていた，いわゆる「できるコーチ」であることは言うまでもありま
せん。これを「できるコーチ」だけでなく，スクール全体でやっていこうと
したわけです。およそ１年の年月が流れ，コーチたちは選手たちの技術だけ
でなく技術以外のところにも目を向けられるように努め続け，そこで見取っ
た姿を選手たちにフィードバックしてきました。するとどうでしょう……１
年近くの間にコーチたちは確実に成長していったのです。コーチたちが練習
のたびに書いている選手たちの記録にも，次々とステキな姿が記録されるよ

うになってきて，コーチたちの見事なまでの成長ぶりを確認することができました。

　私は，このテニススクールの事例から，「何を大切にしたいのか？」，「何を育てたいのか？」そして，「何を見るのか？」という指導者側のマインドがとても重要なカギになってくることを改めて学ばせてもらいました。選手たちの技術面にその力点を置きすぎてしまうと，技術以外のところが見えにくくなってしまいます。そこで，改めて大切にしたいのは技術だけなのか……というマインドの切り替えを行ったことで，育てたいもの，見えてくるものが変わってきたわけです。この事例は，学校現場においても大いに参考になると思いませんか？　生徒たちに授業を通して知識や技能などの認知能力の獲得へ力点を置きすぎてしまうと……ということです。当然のことながら，これらに力点は置かなければなりません。しかし，そこにばかり力点を置きすぎてしまうと，それこそ「学びに向かう力，人間性等」といった非認知能力の育成へ意識が向かいにくくなってしまうのではないでしょうか。

　いま，わが国の教育は大きな転換期を迎えています。この転換期において，先ほどのテニススクールのコーチたちのように認知能力に力点を置きすぎたマインドから，そこに非認知能力も兼ね備えたマインドへの切り替えが，教師に求められているということを強調しておきたいと思います。

## ⑵数学でできるんだから！

　変わることが求められている……とはいうものの，変わりたくないという思いを抱くのも人間です。実際に，学習指導要領の改訂を素直に受け入れられる方々ばかりではありません。認知能力と非認知能力の一体的な育成の大切さを伝えても，ご自身の頭の中にシャッターを下ろしてしまえば，ただただ「変わりたくない自分」と「変えられない理由」だけが残るものです。もちろん，そのような方々全員に変化を求めているわけではありません。ただ，現実問題として授業でそんなことができるのか……と問われたときに，リア

ルを提示できるようにはしておきたいと考えています。現在，私の同志たちは，わが国の教育の転換期において，その具体的な取組によってリアルを提示してくれています。その中でも，今回は高校数学の有岡桂佑先生，中学数学の山本昌平先生，そして数学教育研究の石橋一昂先生と協働することが叶いました。私にとっては，これほどの喜びはありません。なぜなら，その教科が「数学」だからです。

　いわゆる文系教科や実技系教科は，それぞれの授業でギミックを入れやすい，と考えられている傾向があります。国語の共感的な読みにしても，歴史上の出来事にしても，体育や音楽などの実技系もそうですし，理系教科でも実験などが多い物理や化学や生物も比較的ギミックを入れやすいかもしれません。このように各教科が持っている特性によってギミックの入れやすさが異なってくることは致し方ないでしょう。そのような中で，数学という教科はどうでしょうか？　実際に，私の周りの先生方と話していても，数学という教科でギミックを入れて認知能力と非認知能力を一体的に育成するのは難しいよね……という声をよく聞きますし，私自身の高校生時代を思い出しても，たしかに数学の先生方は見事なまでのチョーク＆トークでした。数学がもともと好きな生徒たちであれば，反応は違ってくるのでしょうけど，そうではないより多くの一般的な生徒たちにとっては……といった感じです。

　しかし，このような話を数学教育に注力されてきた梅田和男先生（元岡山一宮高等学校校長）にお話したとき，梅田先生から「数学が一番ギミックを入れやすいっ！」と一刀両断されてしまいました。数学教育のプロは，そのように考えられるのか……と感動すら覚えたものです。そして，梅田先生が校長として在職されていた岡山一宮高等学校で，そんな数学の授業を体現されている有岡先生たちがいらっしゃいました。

　いま，本書の第1章を終えようとしている私からお伝えしたいことは，「数学でできるんだから！」という一言に尽きます。私のような浅知恵の者は，数学では難しいと考えていました。けれど，数学でできるということを教えていただけたことで，数学でできるのなら，他の教科でもできるという

確信へつなげることができたわけです。そうであるなら，本書は数学の先生方にお読みいただくだけでなく，ぜひとも様々な教科の先生方に，教育の転換期に自ら変わるイメージを持てない先生方に本書をお読みいただきたいと願っています。それでは，ここからがいよいよ始まりです！　ぜひ，第2章以降へ読み進めていってください。

第**2**章

# 生徒が
# 主体的になる
# 授業のしかけ

Chapter 2

# 1. しかけ1
# 生徒同士で教え合いをする〔ピアサポート方式〕

## (1)高校　数学Ⅱ　指数関数と対数関数
生徒同士での教え合いによってお互いに学習効果が上がった事例
「共通の問題解決に向けて隣同士で協力する。だからがんばれる。」

## この授業の概要

　これは進学校に赴任して2年目の授業で行った小テストです。教師が教え込み，ドリル的な演習を繰り返していたにもかかわらずあまり定着していないことがわかりました。時間がかかってもいいから生徒が自分で解決したという経験ができるような小テストをつくりたいと思ったのがきっかけです。

　AとBともに上側の問題は難しくありません。Aは3次方程式の解と係数の関係です。Bは底の変換公式を用いて計算を行えば求まります。困ったら同じ問題を考えている前後で確認をするように指示をします。考え方は一切説明せず解答のみ板書すると，ほとんどの生徒が正解します。生徒同士の相談の中で解決します。下側の問題はほとんど手がついていない場合，「お互いの問題がヒントになっているから左右で相談してみよう」と指示を出します。

　下側の問題ですが，

$$\log_b a + \log_c b + \log_a c = \log_b c \cdot \log_c a + \log_c a \cdot \log_a b + \log_a b \cdot \log_b c$$

と変形できます。この変形はB列の小テストで $\log_a b \cdot \log_b c$ の部分を計算すると $\log_a c$ となるのがヒントになっています。

B→Aで教えることができます。

　しかしなぜ，$\log_b c \cdot \log_c a + \log_c a \cdot \log_a b + \log_a b \cdot \log_b c$ の値が必要なのかは3次方程式の解と係数の関係から，$\log_a b + \log_b c + \log_c a$ と $\log_a b \cdot \log_b c \cdot \log_c a$ の値がわかっているので，あと $\log_b c \cdot \log_c a + \log_c a \cdot \log_a b + \log_a b \cdot \log_b c$ がわかれば $\log_a b$ と $\log_b c$ と $\log_c a$ を3つの解とする3次方程式をつくることができるからです。

　A→Bで教えることができます。

　3次方程式 $x^3 - 3x^2 + 3x - 1 = 0$ の解が $\log_a b$, $\log_b c$, $\log_c a$ になっており，条件からこれらは実数つまり1であることがわかります。

　したがって $\log_a b = 1$, $\log_b c = 1$, $\log_c a = 1$ から $a = b = c$ が導けました。

　教師として教えたい気持ちをこらえながら，じっくり待ち続けると授業時間いっぱいになりましたが全員の生徒が正解にたどりつきます。このとき教師は教えることで満足感を得ますが，生徒にとっては見守ってあげたほうがきちんと理解できます。

　定期考査や模擬試験でも良い結果が出ているので継続して取り組んでいくといいでしょう。

## 単元計画

数学Ⅱ
　第5章　指数関数と対数関数（単元指導計画全11時）
　第1節　指数関数（4時間）
　第2節　対数関数（7時間）
　　第1次　対数とその性質（1時間）
　　第2次　対数関数（1時間）
　　第3次　対数関数を含む方程式，不等式（2時間）
　　第4次　対数関数を含む関数の最大値，最小値（1時間）
　　第5次　常用対数（2時間）

授業の流れ（第2節第3次第2時　対数関数を含む方程式，不等式（応用））

| 生徒の活動 | 教師の支援 |
|---|---|
| 1　配付された小テストに取り組む。 | 小テストを2種類（AとB）準備し，6列あるのでABABABと交互に配付する。 |

教卓

```
┌─┐ ┌─┐ ┌─┐ ┌─┐ ┌─┐ ┌─┐
│ │ │ │ │ │ │ │ │ │ │ │
├─┤ ├─┤ ├─┤ ├─┤ ├─┤ ├─┤
│ │ │ │ │ │ │ │ │ │ │ │
├─┤ ├─┤ ├─┤ ├─┤ ├─┤ ├─┤
│ │ │ │ │ │ │ │ │ │ │ │
├─┤ ├─┤ ├─┤ ├─┤ ├─┤ ├─┤
│ │ │ │ │ │ │ │ │ │ │ │
├─┤ ├─┤ ├─┤ ├─┤ ├─┤ ├─┤
│ │ │ │ │ │ │ │ │ │ │ │
└─┘ └─┘ └─┘ └─┘ └─┘ └─┘
 A   B   A   B   A   B
```

| 生徒の活動 | 教師の支援 |
|---|---|
| 2　問題1と2（上側の問題）を個人で考える。席の前後で相談する。 | まず個人で考え，困ったら席の前後で相談するよう指示する。<br>上側の問題の答え合わせを行う。 |
| 3　教師の解説を聞く。 | |

| | |
|---|---|
| 4　問題3（下側の問題）を個人で<br>　　考える。 | |
| 5　席の左右で相談する。 | |
| 6　左右で相談すると上側の問題が<br>　　お互いのヒントになっており，下<br>　　側の問題が解ける。 | |

## 小テスト例

・A列の小テスト

　（2題あり上側は基礎的な内容の確認，下側が応用問題である）

---

問題1（上側）

　3次方程式 $x^3 - 3x^2 + 3x - 1 = 0$ の解を $\alpha$, $\beta$, $\gamma$ とする。$\alpha + \beta + \gamma$, $\alpha\beta + \beta\gamma + \gamma\alpha$, $\alpha\beta\gamma$ の値を求めよ。

問題3　共通（下側）

　$a$, $b$, $c$ が1でない正の整数とする。$\begin{cases} log_a b + log_b c + log_c a = 3 \\ log_b a + log_c b + log_a c = 3 \end{cases}$ が成り立つとき $a = b = c$ を示せ。

---

・B列の小テスト

（2題あり上側は基礎的な内容の確認，下側が応用問題である）

---

問題2（上側）

　$a$, $b$, $c$ が1でない正の整数とする。$\log_a b \cdot \log_b c \cdot \log_c a$ の値を求めよ。

問題3　共通（下側）

　$a$, $b$, $c$ が1でない正の整数とする。$\begin{cases} \log_a b + \log_b c + \log_c a = 3 \\ \log_b a + \log_c b + \log_a c = 3 \end{cases}$ が成り立つとき $a = b = c$ を示せ。

---

小テスト（解答）

問題1　A列（上側）

　3次方程式の解と係数の関係から

$\alpha + \beta + \gamma = 3$, $\alpha\beta + \beta\gamma + \gamma\alpha = 3$, $\alpha\beta\gamma = 1$

問題2　B列（上側）

$\log_a b \cdot \log_b c \cdot \log_c a = \log_a b \cdot \dfrac{\log_a c}{\log_a b} \cdot \dfrac{1}{\log_a c} = 1$

問題3　共通（下側）

　$\log_b a + \log_c b + \log_a c = \log_b c \cdot \log_c a + \log_c a \cdot \log_a b + \log_a b \cdot \log_b c$ であるから $\log_b c \cdot \log_c a + \log_c a \cdot \log_a b + \log_a b \cdot \log_b c = 3$

　ここで $\log_a b = s$, $\log_b c = t$, $\log_c a = u$ とおくと

$s + t + u = 3$, $st + tu + us = 3$, $stu = 1$ となり $s$, $t$, $u$ は3次方程式 $x^3 - 3x^2 + 3x - 1 = 0$ …①の解である。

$x^3 - 3x^2 + 3x - 1 = 0$ より $(x-1)^3 = 0$

　ここで $a$, $b$, $c$ が1でない正の整数より $s$, $t$, $u$ はいずれも実数である。
①の実数解は1のみであるから $s = t = u = 1$ したがって
$\log_a b = 1$, $\log_b c = 1$, $\log_c a = 1$ より　$a = b = c$

## ⑵分析

個人の問題と集団の問題を併用する

　ここでは，ブルソーによる教授学的状況理論に基づいて，主体的な学習を解釈してみたいと思います。この理論では，ピアジェの構成主義の考え方に基づいて，生徒が環境（例えば，問題や教具など）に働きかけ，そこから想定しなかったフィードバックを受け取り，そのズレ（矛盾や困難，不均衡）を生み出す環境に適応（同化と調節）しながら自身の知識を構成することを学習と考えます。つまり，外から知識が与えられ新たな知識が生徒の既有知識に積み重なると見るのではなく，既有知識を再構築しながら新たな知識が構成されるとします。そして，主体的な学習は，教師から提示された問題が生徒にとって自分事となっている状況，生徒が環境との相互作用により自ら知識を獲得し，教師による働きかけが行われているものの，生徒にとってはあたかも教師が不在であるかのような状況をもって実現されると解釈します。

### 授業の分析と考察

　まず，教え込みでは生徒の数学的知識の定着が見られなかった要因は，生徒にとってその問題が自分事になっていなかったからであると考えます。生徒は，教師が「解きなさい」と指示したから問題を解いているのであって，決して自分が「解きたい！」と思って解いているのではありません。生徒は環境（問題）の要求ではなく，教師の要求によって対象となる数学的概念との関係を形成しているため，主体的な学習を実現することはできません。

　一方で，今回提案された授業はどうでしょうか。最初に問題が配付された段階では，生徒にとっては教師が「解きなさい」と指示したから問題を解いていて，自分事にはなっていないかもしれません。しかし，「お互いの問題がヒントになっているから左右で相談してみよう」という教師の発問により，生徒たちにとっては自分事ではなかった問題３が，すでに自分が解決して理解できた問題１および問題２と関係していることを知り，途端に自分事にな

っています。また，「教師として教えたい気持ちをこらえながら，じっくり待ち続けると」とあるように，生徒にとってはあたかも教師が不在であるかのような状況であったと考えられます。つまり，主体的な学習が実現する状況が生み出されています。その後，生徒たちは教師からのヒントや解説を待つのではなく，自ら教材や他の生徒に働きかけながら，問題解決を行っています。その過程では，例えば，問題 2 の $log_a b \cdot log_b c = log_a c$ のみに着目することにはすぐ気づくことができないでしょうから，生徒は既習事項（問題 1 および問題 2）を用いて問題 3 に働きかけ，問題 3 から想定しなかったフィードバックを受け取り，そのズレに適応するという活動が行われています。その結果，全員の生徒が正解にたどりつくことができています。

## 授業デザインへの示唆

　このような授業を実践するためには，生徒個人で解決できる問題と，それらの問題を踏まえて集団で解決できる問題の 2 種類を開発する必要があります。ここで「集団で解決できる」の要因としては，例えば生徒の習熟度や問題設定などが考えられます。今回の授業では習熟度で，問題 3 は一人でも解決可能ですが，生徒の習熟度から考えると，問題 1 と問題 2 を合わせなければ解けないと考えられる問題でした。問題設定の例としては，生徒個人で解決できる問題を「給水口 A（$y = 10x$ のグラフ）だけで水を入れたとき何時間で150cm になるか」，「給水口 B（3 時間で20cm，6 時間だと40cm…の対応表）だけで水を入れたとき何時間で150cm になるか」，「給水口 C（$y = \frac{25}{3} x$ の式）だけで水を入れたとき何時間で150cm になるか」の 3 つとして，集団で解決できる問題を「3 つの給水口 ABC からプールに水を入れはじめて，何時間後にプールの水位が150cm になるかを考える」というものが挙げられます。集団で解決できる問題には，給水口 A〜C の情報が書かれていないので，個人では解決することができず，3 つの問題を踏まえる必要があります。

## ⑶中学　全学年　全単元
日常の授業デザインの事例
「授業の枠組みを整えるだけでも非認知能力は育める！」

## 自ら学ぶ子どもを支えるたった2つのこと

　生徒同士で気づきあったり，「自らやってみよう」や，「もう少しやってみたい」を容認し，学習者主体が自ら学びを深めたりする授業にするために，私も長年四苦八苦してきました。そんな中，最近はこの2つさえ外さなければ意外とうまくいくのでは？と思えるようになったコツがありますのでここでご紹介します。これさえ外さなければうまくいく2つのこと，ひとつ目は「環境」。もうひとつは「信じて待つ」ことです。

## 生徒が学び合える「環境」はそもそも整っていますか？

　まずは「環境」について考えてみましょう。突然ですがみなさん質問です！　みなさんは目の前に椅子があったら何をしようと考えますか？……当然ですが，座れるのなら座りたい，そう思うのではないでしょうか？　椅子を見て「ずっと立っていたい！」や「椅子を押したくなる」といったことはあまり考えないですよね。椅子という「座るもの」というデザインが，「人に座るという行動を誘発している」と捉えることができます。他にも「蛇口を見たらひねる」，「カートは押して物を入れる」など，その場にある物や環境によって，人の行動は選択されるという側面があります。これはアフォーダンス理論（Teory of affordance）といってアメリカの心理学者であるジェームス・ジェローム・ギブソンが提唱しています。では，この目線を持って教室を見直してみましょう。例えば「黒板がある」，「生徒の座席は全部黒板の方を向いている」，「前には教卓がある」，「生徒の座席には一定の距離がある」など一般的な教室のイメージはこんな感じではないでしょうか。これをアフォーダンス理論の視点で切り取ってみると，「教室では黒板を見る」，

「教師は黒板の前に立つ」,「生徒同士の関わりより, 生徒と先生の関係」といったアフォーダンスが働く環境になっていることがわかります。一斉講義型の授業は全員に効率よく, 効果的に情報共有することができる優れた方法です。しかし, 一斉講義型に適した教室の環境だけでは,「講義をする人→受ける人」の構図からなかなか脱却できず, 子どもたちの子どもたち同士で主体的に学ぶ環境を整えることが難しくなるケースがしばしばあります。しかし, 逆にいえば, そのような場を「教具」という環境でリデザインしていけば, 主体的に動き出す環境を設計することができるということです。

## 自己決定できる学び場の具体的な整え方

最近では GIGA スクール構想により 1 人 1 台端末, 高校も BYOD などで端末を用いた授業が急速に普及してきました。例えば, 例題など基本的な理解を促す説明であれば動画にしていつでも見れるようにする, 授業で使用するプリントやその解答も Google Classroom などで共有する, 全体で統一したドリルや補助教材を使うのではなく自己の理解や深度に適した教材を持参して学習の補助を行う, デジタルドリルなどを利用するなど, 子どもたちの学ぶ手段を多様にしておくとアフォーダンスはどのように作用されるでしょうか。「ちょっとわからないから動画を見てみよう」,「友達に聞いてみよう」,「やっぱり先生に聞いてみたい」など, それぞれが自身に適した解決方法を考え出すでしょう。いわゆる学び方も同時に学んでいくことになります。また, 座席のルールを工夫してみたり, 立ち歩きを許容する時間を設けるなども選択肢を増やすきっかけにつながりますし, まなボードといったホワイトボードなどがあると小グループで説明しあう姿なども見ることができるでしょう。このように, 学び方を自己決定できる環境を整えることで子どもたちの自走を生み出す一手につながると考えることができます。

## 「学び方」も大切に育んであげたい力のひとつ

そしてもうひとつが「信じて待つ」ことです。上記のようなスタイルで授

業環境を整えると，教師が全体に伝えることは冒頭10分前後，終わりに10分前後ぐらいで授業時間の半分以上は子どもたちの活動になります。「自由な時間を与えたって自分たちではできない」や「非効率だから教えるほうが早い」といった意見も出てくることでしょう。当然ながら目的やその時間で望む姿を共有できていないと，生徒によっては学びに向かわなかったりすることも出てきますが，それらを整えたとした前提であったとしても，子どもたちがすぐに望む姿や行動を起こしてくれるものではありません。子どもたち自身もこのような環境の中で，時には失敗をしながら学び方を学んでいく必要があるからです。「自分としてはできていたつもりだったけど，意外と集中できていなかった」や「思いの外時間がかかる方法で学んでいた」なども当然起きてきますから，子どもたちの「成長」に焦点を当て，適切なタイミングで適切なフィードバックをもたらす営みが大切ですし，子どもたち自身に振り返りを持たせることもとても大切です。このように，自己を俯瞰して捉える場面が増えることでメタ認知能力が向上し，自分で自分を修正する力が育まれ，学習はもちろん，生活面でも自己をコントロールする力が身についてくることでしょう。

　また，「友達とケンカしてて……」や「家のことが落ち着かない」など，そもそも授業自身に集中できない不安要素を抱えていることもよくあります。このような授業形態であれば，そういった子どもたちの背景も踏まえながら，カウンセリング的な関わりをすることや 1 on 1 をするなど個に応じた対応も授業内で行うことが可能です。子どもたちにいまの課題や状況を整理させ，「どうしたいの？」や「どうしたらいいと思う？」と問いかけ，自己決定する場面をつくる。そして子どもたちを信じて待つ。非効率と見られることもありますが，こういった積み重ねの先に目に見える成長があり，このサイクルで自己と向き合い，高める姿を見ることができれば，その先には指数関数的な生徒の成長が見られると信じています。

## ギミックブラッシュアップシートと相性抜群！

　従来的な一斉授業での学び方に加え，子どもたちが自分で学び，自己調整できる力まで身につけることができれば，学習に深みが出てくるでしょう。そして，このような授業形式とギミックブラッシュアップシートはとても相性がいいです。自分で学び方を決めることができるから，自己と向き合う力，自己を高める力，他者と関わる力のどれを意識したいかに個人の責任が出てきますし，授業の設計としてもこれらを育む場面（環境）を整えることができるので授業と評価が一致してきます。

　例えば，「今日の内容は自分は割とわかっているから，次の時間の予習をしよう」であったり，やってみて「意外とできなくて他者の力を借りながら進めることができた」ということも起きるかもしれません。「意外とできているほうで，気づけば結構頼られて教えていた」といったこともあるでしょう。もちろん，教科の知識・技能や思考・判断・表現の評価も忘れてはいけませんが，「主体的に学習に取り組む態度」の評価にもフォーカスできることができるようになるでしょう。

　授業理解を図る「まとめ」と，学び方の内省を図る「振り返り」をきちんと区分してリフレクションできるのがギミックブラッシュアップシートの良いところなので，うまく活用して「理解度」と「学び方」にバランスよく焦点を当て，学習者の成長を支えていける授業実践を進めていきましょう。

# 2. しかけ 2
# 生徒たちの心と体を動かす〔アクティビティ方式〕

## ⑴高校　数学 A　場合の数と確率

モンテカルロ法（10万本のつまようじ）の事例

「モンテカルロ法を用いて実験で円周率の近似値を求める。」

## この授業の概要

　確率の問題は「何が分母で……何が分子で……」と，ついつい分数（有理数）をつくらせようと指導してしまいがちです。当然今回の問題も有理数だろうと生徒は予想しますが，無理数である $\pi$ が出てきます。面積で考えると求める確率は $\frac{\pi}{4}$ になってしまい，生徒の直感を裏切る結果になります。むしろ，確率を求める活動ばかりしているのに，この問題では先に確率である $\frac{\pi}{4}$ が求まってしまいます。それを実験で確認していくという，いままでと逆の活動が生徒にとっては魅力的です。

　このときは 6 グループで行い，6000本のデータをまとめます。円周率の近似値は3.09…となります。生徒にとって思っていたよりあまり近い値ではなかったため，納得いかなかったのか授業後もつまようじを投げていました。一部の生徒ですが放課後も投げていました。翌日も投げていました。休みの日も投げていたらしいです。授業者として，これほど興味を持ってもらえるとは思っていませんでした。

　私の担任しているクラスということもあり，この続きを文化祭のクラスの展示にして，見学に来たお客さんに協力してもらい10万本投げてもらうことにしました。文化祭は 2 日あり，1 日目は生徒のみ，2 日目は一般公開で保

護者や他校の生徒が参加できました。この２日間で１万本投げてもらうために，事前に９万本投げてデータを集めておきました。他の生徒が文化祭準備で段ボールに色を塗ったりしている中，私のクラスの生徒はひたすらつまようじを投げ続けました。そんな努力の結果，10万本投げて円周率の近似値は3.1409…まで近づきました。ちなみに10万本目である最後の１本は私が投げました。表計算ソフトウェアにデータを入力して近似値が表示されたときは会場で拍手が起こりました。授業で扱った内容はいたって単純であったため，生徒は容易に理解できたと思います。しかし「納得いかない」気持ちを持ってくれた生徒が出てきてくれたことが今回の結果につながったと思います。知識としてモンテカルロ法のように手法だけを教えるのではなく納得するまでとことん付き合うのもいいものですね。

〈文化祭で展示していたポスター〉

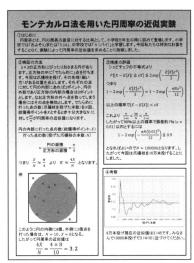

## 単元計画

数学A

授業の流れ（第2節第5次第1時　モンテカルロ法）

| 生徒の活動 | 教師の支援 |
|---|---|
| 1　モンテカルロ法の説明を聞く。 | 正方形と円の面積比を用いてモンテカルロ法を説明する。 |
| 2　確率と面積の関係を互いに説明する。 | 理解できたかどうかペアで確認させる。 |
| 3　どの程度まで近似できるか予想する。 | |
| 4　配付された円のプリントの上からつまようじを100本落とす。 | |
| 5　円の内部につまようじの先端（細いほう）が入っている本数を数える。 | |
| 6　各グループ10回実施しデータを集める。 | 各グループのデータを表計算ソフトでまとめグラフにすることで3.14に近づくことを確認させる。 |
| 7　エクセルを用いて全データを集計し，近似値を求める。 | |

## モンテカルロ法の簡単な説明（生徒の説明原稿）

　モンテカルロ法は，乱数というランダムな数字を使って計算する方法の一つです。今回は，円周率の近似値を求めるためにモンテカルロ法を使ってみます。

　まず，辺の長さが20cm の正方形を考えます。その中に，半径が10cm の円がぴったり入るように描きます。

　次に，この正方形の中にたくさんのランダムな点を打っていきます。たくさんの点を打つと，円の中に入った点の数が，円の面積に比例するはずです。

　具体的には，正方形の面積は $20\text{cm} \times 20\text{cm} = 400\text{cm}^2$ で
円の面積は $10\text{cm} \times 10\text{cm} \times \pi = 100\pi\text{cm}^2$ なので
正方形の面積における円の面積の割合は $\dfrac{100\pi}{400} = \dfrac{\pi}{4}$ です。
つまり円の中に入った点の数を打った点の総数で割ると，$\dfrac{\pi}{4}$ になります。

　これを式にすると，

$$円の中に入った点の数 \div 打った点の総数 \approx \frac{\pi}{4}$$

となります。

　したがって，この左辺の分子（円の中に入った点の数）と分母（打った点の総数）を数えて4倍すれば，円周率の近似値が計算できるわけです。

## ⑵分析

学習経験から形成された直感とのズレを仕掛ける

## 授業の分析と考察

　この授業では，「面積で考えると求める確率は $\frac{\pi}{4}$ になってしまい，生徒の直感を裏切る結果になります」とあるように，まずは生徒はモンテカルロ法の説明（環境）に働きかけた結果，確率であるにもかかわらず無理数である $\pi$ が出てくるという，想定しなかったフィードバックを受け取っています。そして，モンテカルロ法の説明に適応することを目的として，つまようじを投げるという実験が行われています。最初は教師から提示されたモンテカルロ法でしたが，確率が $\frac{\pi}{4}$ であるという想定しなかったフィードバックをきっかけとして，生徒にとって自分事となっています。また，授業後も教師が配付したつまようじを投げて記録をしている生徒は，教師の要求ではなく，環境（つまようじと表計算ソフトウェア）の要求によって，大数の法則（モンテカルロ法）との関係を形成しています。つまり，主体的な学習が実現する状況が生み出されています。

　他にも，6000本試行した結果の相対度数が $\frac{\pi}{4}$ に近い値にならなかった点も，生徒にとっては想定しなかったフィードバックと考えることができます。なぜなら，彼らは中学校で多数の観察や多数回の試行によって得られる確率を学習していますが，その際に教科書で多数回の試行として示された試行回数は1000〜3000回だからです。ゆえに，多くても3000回を多数回の試行と考えている生徒にとって，6000回試行しても結果の相対度数が $\frac{\pi}{4}$ に近い値にならないという事実は，想定しなかったフィードバックであったと考えることができます。実際，一部の生徒は放課後や翌日もつまようじを投げ続けており，彼らは教師の要求ではなく，環境の要求によって，大数の法則（モンテカルロ法）との関係を形成しています。つまり，主体的な学習が実現する状況が生み出されています。

## 授業デザインへの示唆

　この授業からは，まずは問題と生徒のこれまでの学習経験から形成された直感とのズレが，主体的な学習のために効果的であると示唆されます。今回であれば，「確率は有理数である」や「6000回も試行すれば相対度数は一定の値に収束する」という直感が問題とのズレを生じさせていました。このようなズレは，例えば小学校算数科においても生じます。第4学年で1.57と1.1515の大小を比較する際，これまで整数の学習経験から得た「文字列が長いほうが大きい」という直感を適用して，「1.1515のほうが大きい」と答える児童がいます。これも問題と児童の直感とのズレと考えることができますので，主体的な学習につながると考えられます。なお，ここで注意すべきことは，「『納得いかない』気持ちを持ってくれた生徒が出てきてくれたことが今回の結果につながったと思います」とあるように，直感とのズレが生じた後に，生徒がすぐに引き下がらないことです。普段から，教師やクラスの他の生徒が，生徒が納得できるまで付き合ってあげていることが重要です。

　また，数学の世界と数学外の世界を繋ぐことも，主体的な学習のために効果的であると示唆されます。今回の授業では，生徒はモンテカルロ法によって得られた数学の世界の結果 $\frac{\pi}{4}$ を，実際につまようじをたくさん投げることで，その意味を数学外の世界で考察していました。長尾（2019, p.1）が，「数学はその抽象性ゆえ，前提条件を満たせば結果を様々な事柄に適用できるのです（数学の実用性）が，現実的にはそのような数学のよさを生徒に十分感じ取らせていない可能性もあります。統計的な内容は数学の実用性を生徒に感じ取らせる，適した内容だとも言えます」と述べているように，このような活動は，特に統計（データの活用）領域で実現することが期待できます。統計（データの活用）領域は数学を身近に感じる領域ですので，主体的な数学学習のきっかけになると思います。

## ⑶中学　３年　相似な図形，関数 $y = ax^2$

校舎の高さを計測する事例

「相似な図形や物理の知識を用いて20mブランコをつくれるか検討する。」


### 実際やって確かめちゃえ！「高さの測り方」

　さて，文部科学省の資料にも明示されているように数学には「現実の世界」と「数学の世界」の２つの世界で起こる事象を数学的に表現し，問題発見・解決をする営みがあります。有岡先生の取組はまさに「数学の世界」に対するアプローチでしたので，こちらでは「現実の世界」に基づいた学習方法を提示します。

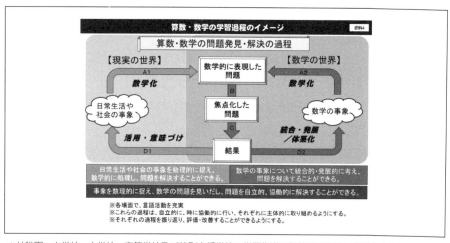

＊幼稚園，小学校，中学校，高等学校及び特別支援学校の学習指導要領等の改善及び必要な方策等について


　中学校の数学には「一次関数とみなして考える」や「相似な図形とみなして考える」といった活動が含まれています。具体物や自然現象等を数学的に捉えて解決するという活動です。机上の計算で解決するのではなく，実際に実験する実践をしてみました。

## 校舎の高さは何メートルだろうか？

　これは大阪市立新巽中学校数学科の大室先生と共に実践した授業。インスタ映えする観光スポットを校内につくる案として長いブランコをつくってみては？というストーリーでした。その中で実際に何mまでならつくることができるのかを調べるために，実際に校内で一番高い学校の校舎の高さを調べてみることになりました。基になるのは「校舎の高さを相似比で求める際（近似値ですが），測定者の目の高さを考慮しないと誤差が出る」という教科書によく出てくる問題を具体にやってみるというものでした。測定にはある程度人数がいたほうが良いということで，グループになって実際に運動場に飛び出し測定開始！　それぞれの測定値にも違いがあり，子どもたちはどれが本当の高さなんだろう？とさらなる疑問も生まれ，それぞれの測定方法を吟味する姿も見られました。

　また，相似ではなく前単元で学んだ $y = ax^2$ の中にある「自由落下の法則」で調べてみたいというグループも出てきました。「4階の窓から消しゴムを落としてその時間から高さを推測する」というものでした。落下速度は質量に関係ないこと，空気抵抗，誤差の範囲，安全への配慮など，教科の枠を越えた子どもたちの思考を見ることができました。もちろん安全配慮には子どもたちはもちろん，大人も行う必要があり，教師一人では難しい側面もありましたが，公式が本当に成立しているのかを確かめるために，目を輝かせながら段取りをして実験をする姿は，教室の中だけでは見ることのできない姿でもありました。教科としてのパフォーマンスをルーブリック等で見取ることができれば十分に評価も可能です。この活動においても感情曲線のある振り返りシートを併用して行うことで，自己の行動に関する振り返りが行えます。子どもたちの活動範囲が広がれば広がるほど，一人で見取ることも困難ではありますが，子どもたちの相互評価なども使いながら，数学を身近に，そして親しむ子どもたちを育てることができます。

# 3. しかけ3

# そこに到る過程を考える
〔プロセスシンキング方式〕

## ⑴高校　数学B　平面上のベクトル
答えを示しておいてなぜそうなるのかを考える事例
「あなたのなぜはどこから」


## この授業の概要

この授業のめあては次の通りです。

> 「問題解決に向けて既習事項，他分野，先行研究との繋がりを考え，**数学的に探究**することができる」

さらにこの授業における「**数学的に探究**」を次のように定義しました。

> 「自分の持っている知識や数学的な見方・考え方を活用し，数学的な見方・考え方を広げる，または深めることができる」

これらをポスター印刷し，黒板に貼り，生徒に数学的に探究するには，何を達成できればよいかを意識させてから授業を始めました。
⑴の(A)に入るのは

> 点 Q が直線 $y = -\dfrac{4}{3}x + k$ 上にあるとき内積 $\overrightarrow{OP} \cdot \overrightarrow{OQ}$ を求めよ。

です。生徒の立場で考えたときに，答案を作成する際には問題文は極めて重要な情報です。しかしそれを隠し，むしろ解答を示すことで問題を作成させ

てみました。

　数学の問題あるあるですが「これらの情報から○○がわかるから答えは△△だ」という流れが使えないようにしてみました。そして生徒にとっては解答がオープンになっているため，知識不足や計算間違いによる誤答をしなくてよい状況をつくりました。間違えないという安心できる環境で，問題を作成するのはパズルのように面白いと感じてくれると思い実践してみました。

　なぜと感じる部分は生徒によって様々でした。「点 Q は何か」，「k は何か」「直線の式があるがこれは何か」，「ベクトルなのになぜ直線や円を考えているのか」といったものが多かったです。グループで「なぜ？」を１つに定めようとしましたが，それだけで１時間かかってしまいました。

　いくつかのグループに何度か途中経過を聞いてみました。どうしてなぜと感じたかも含めて発表してもらいました。各グループの Jamboard を見ることができるので，自分のグループの「なぜ？」が，他のグループの「解決済み」にあったりします。そんなときは「解決済み」のグループに教えてもらいに行くよう指示をしました。これを繰り返していくうちにすべてのグループの「なぜ？」が「なぜ内積 $\overrightarrow{OP} \cdot \overrightarrow{OQ}$ が一定の値なのか」に落ち着きました。教師として誘導は全く行っていませんが，生徒たちの力で予想していた本質に迫ってくれました。

　この問題で一番大事にしてもらいたいのは図形と方程式の知識技能ではなく，内積の値が $3k$ という一定の値になるというところです。内積の値が一定になる例として垂直→内積0があります。実はこの問題も $\overrightarrow{OP}$ と直線の方向ベクトルが垂直です。授業では次の流れで発問し，生徒の発言をまとめていきました。

| 教師の発問 | 生徒の反応 |
| --- | --- |
| ①「なす角が変わるのに，なぜ内積の値が一定だと思う？」 | ほとんどの生徒が何も意見を出せない。 |
| ②「今まで学習してきた中で，内積の値が一定となる例は何かあるか | 垂直の場合ベクトルの大きさに関係なく内積が0となる例にほとんどの |

| | |
|---|---|
| な？」 | 生徒が気づく。 |
| ③「じゃあ垂直はどこに隠されているる？ グループで相談してみよう」 | 直線 OP の傾きに気づいたグループや，直線 $y = -\dfrac{4}{3}x + k$ の方向ベクトルに気づいたグループが出てくる。 |
| ④「なぜこの部分が垂直だったら，内積が一定になるの？」 | 媒介変数 $t$ を用いて $\overrightarrow{OQ} = (0,\ k) + t(3,\ -4)$ と表し，内積の値を計算する。 |

　内積の値が一定→垂直が隠されているかもしれないという学びができたと思います。

　この問題は図形と方程式の知識技能を使って最大値と最小値を求めます。模範解答通り解説した場合，生徒はこの問題をベクトルではなく図形と方程式の問題だと捉えてしまうと思いました。そこで，ベクトルの有用性を再確認してもらうために，あえてプロセスを考えてもらうように工夫しました。各グループの Jamboard を見てみると，どのグループもすべての「なぜ？」が解決済みになっていました（【2－3】参照）。

　授業の最後に振り返りをしてもらい，生徒のテキストデータをテキストマイニングで分析しました（【2－4】，【2－5】参照）。授業者としては「探究」が一番多く登場すると思っていましたが，一番多く登場したのは「内積」でした。探究したと感じたときは「探究した」と文章にしないし言葉にもしないものなのかもしれません。全国の先生方も気持ちを楽にして探究に取り組んでみてください。

## 単元計画

数学B
第1章　平面上のベクトル（単元指導計画全19時）
　第1節　ベクトルとその演算（10時間）
　第2節　ベクトルと平面図形（9時間）

第1次　位置ベクトル（2時間）

第2次　ベクトルの図形への応用（2時間）

第3次　図形のベクトルによる表示（5時間）

　第1時　ベクトル $\vec{d}$ に平行な直線

　第2時　平面上の点の存在範囲（導入）

　第3時　平面上の点の存在範囲（応用）

　第4時　ベクトル $\vec{n}$ に垂直な直線

　第5時　円のベクトル方程式

## 授業の流れ（第2節第3次第4時　ベクトル $\vec{n}$ に垂直な直線）

| 生徒の活動 | 教師の支援 |
|---|---|
| 1　予習を課した問題4と5について，グループで意見交換を行う。 | Jamboard を用いて自分の「なぜ？」を共有していく。【2−1】参照 |
| 2　問題4についてグループとしての「なぜ？」を1つに決め発表してもらう。 | 各グループの「なぜ？」を各グループの本時のめあてとする。<br>（【2−2】参照） |
| 3　問題5(A)に入る問題を見た後，各グループの「なぜ？」を各グループで考えていく。 | 問題5の(A)に入る問題を示す。 |
| 4　途中経過を3つのグループに発表してもらう。 | ほとんどのグループの「なぜ？」に「なぜ $\overrightarrow{OP} \cdot \overrightarrow{OR} = 3k$ になるのか」があるため(A)の解答を考えるように指示する。$y = -\dfrac{4}{3}x + k$ について考えるよう提案する。 |

| | |
|---|---|
| 5　$R\left(t-\dfrac{4}{3}t+k\right)$ とおき，$\overrightarrow{\mathrm{OP}}\cdot\overrightarrow{\mathrm{OR}}$ $=3k$ を計算で確認する。 | |
| 6　なぜ内積の値が一定なのかを考える。 | 「内積が一定である例は」という発問を行う。生徒から「垂直」というキーワードが出てくれば「この問題ではどこに垂直が隠されている」という発問を行う。 |
| 7　振り返りを行う。 | Google Forms で振り返りを書かせ，それをテキストマイニングで分析する。 |

## 授業プリント

---

座標平面上に O (0, 0) と点 P (4, 3) をとる。不等式 $(x-5)^2+(y-10^2)\leqq16$ の表す領域を D とする。

(1)　| (A) |

(2)　点 R が D 全体を動くとき，$\overrightarrow{\mathrm{OP}}\cdot\overrightarrow{\mathrm{OR}}$ の最大値および最小値を求めよ。

　― (2)の解答 ―

(1)より点 Q は直線 $y=-\dfrac{4}{3}x+k$ 上のどこに存在していても点 Q の位置に関係なく $\overrightarrow{\mathrm{OP}}\cdot\overrightarrow{\mathrm{OQ}}=3k$ である。よって領域 D と直線が共有点を持つ場合を考え，その共有点 R とすれば $\overrightarrow{\mathrm{OP}}\cdot\overrightarrow{\mathrm{OR}}=3k$ となる。ここで $k$ は直線の $y$ 切片であるから，$y$ 切片が最大・最小となるとき $\overrightarrow{\mathrm{OP}}\cdot\overrightarrow{\mathrm{OR}}$ は最大値・最小値をとる。

---

領域 D と直線が接する，つまり点 (5, 10) と直線 $y = -\dfrac{4}{3}x + k$ $(4x + 3y - 3k = 0)$ の距離が 4 のとき $y$ 切片が最大または最小となるので $\dfrac{|4 \cdot 5 + 3 \cdot 10 - 3k|}{\sqrt{4^2 + 3^2}} = 4$ これを解いて $3k = 70, 30$ よって

最大値 70，最小値 30

問題4　あなたの感じた「なぜ？」を書き出しなさい。

問題5　(A)に入る問題を答えよ。

## 授業プリント（解答）

問題4　省略

問題5

(A)に入る問題。

　$k$ は定数とする。直線 $y = -\dfrac{4}{3}x + k$ 上の点を Q とするとき，ベクトル $\overrightarrow{\mathrm{OP}}$ と $\overrightarrow{\mathrm{OQ}}$ の内積 $\overrightarrow{\mathrm{OP}} \cdot \overrightarrow{\mathrm{OQ}}$ を $k$ で表せ。

─ (A)の解答 ─

点 Q は直線 $y = -\dfrac{4}{3}x + k$ 上にあるので $\mathrm{Q}\left(t, -\dfrac{4}{3}t + k\right)$ とおける。

ただし $t$ は実数。

$\overrightarrow{\mathrm{OQ}} = \left(t, -\dfrac{4}{3}t + k\right)$, $\overrightarrow{\mathrm{OP}} = (4, 3)$ であるから

$\overrightarrow{\mathrm{OP}} \cdot \overrightarrow{\mathrm{OQ}} = t \cdot 4 + \left(-\dfrac{4}{3}t + k\right) \cdot 3 = 3k$

【2−1：自分の「なぜ？」を共有】

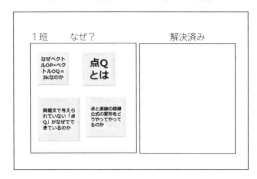

【2−2：グループとしての「なぜ？」を決定】

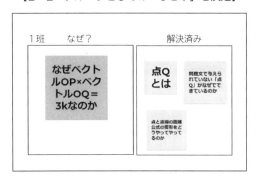

【2−3：他のグループの協力を得てすべての「なぜ？」が解決したグループ】

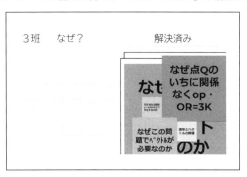

本日の授業で「探究」できましたか？ *

○　できた。なぜなら…

○　できなかった。だけど…

上記の…につながる文章を記入してください。 *

記述式テキスト（長文回答）

【2−5：振り返りテキストマイニング】

ワードクラウド
スコアが高い単語を複数選び出し、その値に応じた大きさで図示しています。単語の色は品詞の種類で異なっており、青色が名詞、赤色が動詞、緑色が形容詞、灰色が感動詞を表しています。

## ⑵分析

答えが示された問題を設定する

## 授業の分析と考察

　この授業では，まずは生徒が問題についての「なぜ？」を書き出しています。この段階では，生徒は問題から「なぜ？」を探そうとしていると同時に，教師が期待する「なぜ？」を探そうとしているかもしれません。そのため，主体的な学習が実現する状況が生み出されていないかもしれません。しかしその後，グループで話し合ったり，他のグループの Jamboard を見たりして「なぜ？」を1つに定めようとしている活動は，「教師として誘導は全く行っていませんが，生徒たちの力で予想していた本質に迫ってくれました」とあるように，教師があたかも不在であるかのような状況で行われています。生徒は，環境（問題，他の生徒の「なぜ？」，他のグループの Jamboard）に働きかけ，自分が想定しなかった「なぜ？」や，自分の「なぜ？」に対する想定しなかった答えを受け取っています。ここでは，生徒はそれらのズレを生み出す環境に適応しようとしたと考えられます。そうであるからこそ，「なぜ内積 $\overrightarrow{OP} \cdot \overrightarrow{OQ}$ が一定の値なのか」という「なぜ？」が生徒から生じたと考えられます。その上で，「なぜ内積 $\overrightarrow{OP} \cdot \overrightarrow{OQ}$ が一定の値なのか」は生徒にとって自分事の問題であり，それと相互作用することで内積の図形的な意味という知識を獲得しています。つまり，主体的な学習が実現する状況が生み出されています。生徒の振り返りにおいて「内積」が最頻出ワードであったことからも，生徒にとって内積の図形的な意味が印象的であったと推察されます。

## 授業デザインへの示唆

　数学的活動が基本的には問題解決の形で行われることから，算数・数学の授業では教師が問題を提示し，生徒がそれに答えるという展開が一般的です。

他方でこの授業では答えを提示し，それに合う問題を設定するという展開になっています。それにより，通常の問題解決ではあまり注目されていなかった，「内積が一定」に生徒が注目しています。このことから，教師が教えたい知識を表出させるための間接的な支援として，答えを示した状態で問題を考えさせることが有効であることが示唆されます。

　最もシンプルな例の一つとしては，和が5になるたし算を考えることが挙げられます。小学校算数科であれば，まずは3＋2などの二項演算の問題が考えられ，次に1＋2＋2や0＋1＋2＋2などの三項以上の演算の問題が考えられます。さらに学年が上がると，小数や分数を用いた問題も考えられます。中学校数学科では，負の数や無理数を学習しますので，（－2）＋3＋4や，$\sqrt{2}+(-\sqrt{2})+5$ も考えられます。高等学校数学科では，複素数を用いた式も考えられます。このように多様な問題を考えることができるので，例えば「友達が思いつかない問題を考えよう！」などと発問すれば，生徒が多様な考えを持つことができると考えられます。多様な考えを通した，数に関する知識の定着や適用が期待されます。また，問題を設定するという生徒の行為に対するフィードバックは，教師ではなく環境（問題）から与えられるため，主体的な学習が実現する状況であると考えられます。

　その一方で，今回の授業と異なる点は，生徒の「なぜ？」が表出しないことです。和が5になる問題を考えることはできますが，「なぜ5なのか？」という問いは生じません。そのため，生徒から「なぜ？」を表出するためには，今回の授業のように設問を考えさせることが効果的かもしれません。その際に意識しておかなければならないことは，その設問を考えさせることでどのような知識が構成・適用されるのか？ということです。今回の授業であれば，内積の図形的な意味でした。知識を想定することなく問題を考えさせるだけでは，生徒は色々と考えてはくれるかもしれませんが，学びにはなりません。活動あって学びなしとはならないよう，注意が必要です。

## (3)中学　1年　平面図形・空間図形
### 対称性や規則性，比率の事例
「人はどんなカタチに美しさを感じるのか？という壮大な問いから始める。」

## 美しい「カタチ」プロジェクト　※教科横断的なプロジェクト

　ここでは，「探究」というキーワードから思いっきりオープンエンドな問いを投げる事例を紹介します。中学1年生の平面図形や空間図形では数学としての図形の概念や言葉の使い方について学びを深め，様々な視点から図形を見て頭の中で図形をイメージする力を育むことが大切です。またそれだけではなく，作図においては手順を論理的に説明したり，図形の性質を比較・分類して言葉で説明するなど言語活動が散りばめられている単元でもあります。この単元でさらに広い問いを投げて学習する授業を実践したことがあるのでご紹介します。

　みなさんは「人が感じる美しい形とはなんだろうか？」と問われたらどのように答えますか？　一応ネットで調べるとある程度の法則を知ることができます。「規則性があるもの・比率に整いがあるもの・対称性があるもの」などある一定の，そして間違いのない解が存在します。しかし，それはなぜ？と考えたときに答えはありません……。数学という唯一解が生じやすい教科だからこそそれを導く探究の喜びもあるし，はたまた数学という切り口からオープンエンドな問いを考えるのもまた，数学でできる楽しみでもあります。さらに，せっかくだから教科横断して学習の広がりを生むことも可能です。

### 人はどんなカタチを美しいと感じるのだろうか？

　中学1年生と，「大阪市，勝手に！　びゅ～てぃ大使プロジェクト！！」というプロジェクトを実施したことがあります。大阪市のびゅ～てぃ大使なので，その名の通り「『美しい』という切り口で大阪市の魅力を発信する」

というプロジェクトでした。自分たちで
調べ，アポイントをとり，それぞれが大
阪市の美しいと思う場所に行き，調査し，
まとめ，最終はプレゼンするというもの
です。「勝手にやるからいいじゃない」
と言いながらも「やるなら全力で」を合
言葉に，保護者はもちろん街の人や視察
に行った施設の方もご招待し，最終は時

の大阪府観光大使であったセレッソ大阪の柿谷曜一朗選手からサインと招待
券をいただく企画まで広がりました。この企画は初めは校外学習と数学とで
進めていくことを想定していましたが，ある日国語の先生が「美しいって視
点で私も授業しますよ！」と乗っかってくれて，気づけば勝手に教科横断が
始まりました。

　　国語：美しい「言葉」プロジェクト

　　美術：美しい「色」プロジェクト

　　社会：美しい「地形」プロジェクト

　　数学：美しい「カタチ」プロジェクト　　　など

を教科の中で数時間ずつ実施しました。国語はプレゼン大会に向け人を惹き
つける美しい語順やキャッチコピー，強調語などを，美術は配色や色相環，
社会は「大阪になぜ造幣局があるか？」という問いから美しい街づくりや心
情について授業をしてもらいました。

このような中，数学は平面図形や空間
図形の単元を包括する問いとして投げ
かけました。美しい「カタチ」とは？
という問いから調べますが何がどう美
しいのか言語化できないところから始
まります。次第に白銀比や黄金比，ア
ップルやツイッターのロゴなどが出て

きて，美しいカタチには対称性や法則
があることに気づきます。そこから美
しさのある対称性の分類（線対称・点
対称・並列対称など）や性質に近づい
ていくという学習方法です。空間図形
で線対称性があるもの（直方体や立方

体）は真ん中の面で対称性があるという理由で「面対称」と名付ける生徒も
出てきました。その場ですぐに修正するのではなく，語彙は後から整理しな
がら学習を進めました。その後は写真やスライド作成にもバランスや対称性
を考えながら作成したり，プレゼン会場を美しくするための一つとして対称
性のある会場設営をおこなったりと，教科の学びを活用する場面がたくさん
見られました。プレゼンではB班が「街に潜む，数学的『美』に迫る！」
というテーマで，大阪市の街並みを対称性などを基に語っていました。

| 班名 | 伝えたい魅力・テーマ | 行き先 |
|---|---|---|
| A | 真田丸について | 三光神社 |
| B | 街に潜む，数学的「美」に迫る！ | 中央公会堂，大阪市立東洋陶磁美術館 |
| C | 中央公会堂の探求 | 中央公会堂 |
| D | お金から探求する大阪の "美" | 造幣局 |
| E | 日本橋って？八阪神社の謎 | 難波八阪神社 |
| F | 大阪城の今と昔 | 大阪城天守閣 |
| G | そうだ，花博に行こう！！ | 花博記念公園 |
| H | 五重塔の魅力に迫る！ | 四天王寺 |
| I | I班の愛の天満宮 | 大阪天満宮 |
| J | ことばって何だろう？ | 大阪暮らしの今昔館 |
| K | 住吉大社のびゅーてぃ | 住吉大社 |

プレゼンとして数学的な視点でまとめたのはB班だけでしたが，他の班の生徒も「街にも対称性あるんやね」と声をかけてきた子もちらほら。「数学をなぜ学ぶのか？」に寄り添う課題となりました。

# 4. しかけ4
# 一緒に答えて違いを理解する
〔オープンマインド方式〕

## ⑴高校　数学Ⅰ　２次関数

　クローズドクエスチョンを出題して一斉に答えてもらう事例

　「２次関数の最小値が変わる瞬間に「変わった」と言っちゃう。」

### この授業の概要

　高校数学で最初に挫折するところだと思います。教科書も問題集も参考書も場合分けするのが当たり前のように書いてあります。教師として指導する際も「ほらな，最小値が変わっただろ」と黒板に書いた静止画を見せながら説明をしていました。しかし，生徒にとっては最小値が変わったと感じていないのです。だから場合分けなんかしないのです。そして数学の答えとして２つ３つ出てくるのはおかしいのです。数学は答えが唯一なのです。このことを理解するのにだいぶ時間がかかりました。しかし腑に落ちました。

　変わったと思ってないのなら変わったと思ってもらおうと思いました。そして間違ってもいいからみんなで声を出して，確認していく中でまったくわからない生徒もなんとなくわかってくれるのではないかという淡い期待でやってみました。

　まず何もヒントを与えず，グラフを動かしました。小さな声で数人が「変わった」と声に出してくれました。その後何度もグラフを動かしました。声が揃うようになりましたが，同じ生徒が言っているだけなので，大きな声になりませんでした。そこでグループで相談してもらいました。グループ内に「変わった」と声に出している生徒がいる場合はその生徒が他の生徒に説明をしていました。「変わった」と声に出している生徒がいないグループも変わるタイミングには気づいたようです。「頂点が定義域の端を通過するとき

に変わるらしい」というところまで気づいていました。多くの生徒が，なんとなく変わるタイミングはわかるが，なぜそのタイミングなのかは理解できていない様子でした。「グラフ全体の動きを見るのではなく，最小値だけに注目してごらん」と指示をして，繰り返しグラフを動かしました。何度か動かした後，再度グループで相談してもらいました。以下生徒が他の生徒に教えるときの説明です。個性的でわかりやすかったので全体で共有しました。

---

- 「まず，自分自身が定義域になる。自分の中の最小値を考える。そうすると頂点が入ってくるまでは最小値は自分の右端だけど，頂点が入ってくると最小値は自分の右端じゃなくて，頂点の $y$ 座標の値になる。だけど頂点が出て行くと今度は最小値が自分の左端になる」
- 「片方の目をつむって，定義域の左側を見えないようにノートで隠す。今度は定義域の右側も見えないように教科書で隠す。グラフが動くと（下敷きを曲げて放物線を作り生徒の目の前で動かす），定義域の右端で最小だったのに，軸が含まれると最小値が頂点の $y$ 座標になる。さらに動かすと今度は定義域の左端で最小値をとる」
- 「右端が最小値になるときもある。頂点で最小値になるときもある。左端で最小値になるときもある。だからそれぞれの場合に分けて解答を書かないといけない」

---

　この問題は生徒にとっては扱う情報量が多いため，何をすればいいのか見失うと思いました。そこでグラフを動かし，最小値だけに注目させました。場合分けの必然性は全体で共有した生徒の説明で，全生徒が納得してくれました。定義域になりきる，定義域以外を見えないようにする等，教師では思いつかないアイデアが出てきました。教え込むのではなく，待ったからこそ出てきたアイデアだと思います。

　数学の授業において，生徒自身で考える時間を確保せずに，教師の都合で最初から ICT を用いて３Dの立体や動きなどを見せると，生徒は自分でイメージする力を育成しにくいかもしれません。しかし，答えを求めるところ

ではなく，探究する観点ではICTを用いるのはいいと思います。例えば
ICTを用いて方程式からグラフや立体を描画する場合は「この方程式が表
すグラフはこうなります」ではなく「このグラフはこの方程式で表されます。
納得できる？」のほうが生徒は深く考えてくれると思います。また，ICT
を用いると黒板にチョークで書くのと比べて，スピーディーに多くの情報を
提供することができます。内容を理解できている教師ならそのスピードと情
報量についていけますが，初めて学ぶ生徒にとってはついていけなくなる場
合もあります。知識を与える場面ではなく，深く考えるきっかけを与えるた
めにICTを使うことが大事だと思います。

　また一人で気づいた「なぜ？」だけでなく他者とのかかわりの中で出てき
た「なぜ？」もあります。「最小値を求めなさい」や「体積を求めなさい」
という発問でなく「なぜここで場合分けするのか」や「なぜこの断面で考え
るのか」という「なぜ？」を大事にする授業を心がけています。現在学校現
場ではICTの環境が整っています。ICTとアナログの良いところを取り入
れながら授業をつくっていこうと思います。

## 単元計画

数学Ⅰ
第3章　2次関数（単元指導計画全24時）
　第1節　2次関数とグラフ（8時間）
　第2節　2次関数の値の変化（6時間）
　　第1次　2次関数の最大・最小（4時間）
　　　第1時　2次関数の最大・最小
　　　第2時　定義域に制限がある場合の最大・最小
　　　第3時　関数の最大・最小と場合分け
　　　第4時　最大・最小の応用
　　第2次　2次関数の決定（2時間）
　第3節　2次方程式と2次不等式（10時間）

授業の流れ（第2節第1次第3時　関数の最大・最小と場合分け）

| 生徒の活動 | 教師の支援 |
|---|---|
| 1　問題6と7を考える。 | ヒントは出さない。<br><br>スクリーンにPC画面を投影し，グラフ描画ソフトで問題6のグラフをかく。<br>$a$の値を変化させてグラフがどのように変わるか見せる。 |
| 2　最小値が変わった瞬間に「変わった」と言う。 | 何度も繰り返し，「変わった」という声が揃うまで行う。問題7も同様に行う。 |
| 3　なぜそこで変わるのかを個人で考える。 | |
| 4　グループで情報交換を行う。 | |

授業プリント

---

問題6
　2次関数 $y = x^2 - 2ax$ の $0 \leqq x \leqq 1$ における最小値を求めよ。

問題7
　2次関数 $y = x^2 - 2x$ の $a \leqq x \leqq a+1$ おける最小値を求めよ。

---

授業プリント（解答）

問題6

　関数の式を変形すると $y = (x - a)^2 - a^2 \ (0 \leqq x \leqq 1)$

　[1] $a < 0$ のとき

　　$x = 0$ で最小値 $0$ をとる。


　[2] $0 \leqq a \leqq 1$ のとき

　　$x = a$ で最小値 $-a^2$ をとる。


　[3] $1 < a$ のとき

　　$x = 1$ で最小値 $1 - 2a$ をとる。

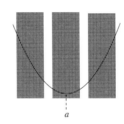

問題7

関数の式を変形すると $y = (x-1)^2 - 1$

[1] $1 < a$ のとき

　　$x = a$ で最小値 $a^2 - 2a$ をとる。

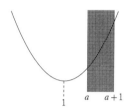

[2] $a \leqq 1 \leqq a+1$ のとき，つまり $0 \leqq a \leqq 1$ のとき

　　$x = 1$ で最小値 $-1$ をとる。

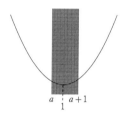

[3] $a+1 < 1$ のとき，つまり $a < 0$ のとき

　　$x = a+1$ で最小値 $a^2 - 1$ をとる。

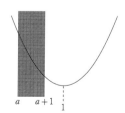

## ⑵分析

他の生徒の見解との相違を仕掛ける

## 授業の分析と考察

この授業の最初では，教師はグラフを動かしているだけです。生徒が適応しようとしているのは環境（問題，グラフ，他の生徒の見解）です。生徒はそれらの環境に働きかけながら，例えば自分とは違うタイミングで「変わった」と発言する他の生徒の見解という想定しなかったフィードバックを受け取っていると考えられます。そして，最終的に一つの声に揃っていく様子は，生徒がそのズレを生み出す環境に適応している様子と考えられます。ここで，環境として他の生徒の見解は重要です。なぜなら，問題とグラフだけからでは，生徒は自分の考えに対するフィードバックを得ることは困難だからです。他方で，教師が生徒の考えにフィードバックを与えてしまっては，主体的な学習が実現できる状況とはなりません。ゆえに，生徒に一緒に答えさせたことは，教師以外からフィードバックを与えることができた点で，効果的であったと考えられます。また，定義域になりきったり，定義域以外を見えないようにしたりする等の生徒独自のアイデアで問題解決している様子からは，問題が生徒にとって自分事となっていると考えられます。さらに，教師はグラフを動かしているだけで，生徒は環境と相互作用していることから，生徒にとってはあたかも教師が不在であるかのような状況と考えられます。つまり，主体的な学習が実現する状況が生み出されています。

## 授業デザインへの示唆

この授業からは，他の生徒の見解との相違が，生徒の主体的な学習のためには重要であることが示唆されます。仮に教師が生徒の考えに対してフィードバックを与える場合，生徒は教師の期待する答えを探る活動を行うようになってしまい，環境に適応しながら学習するという認識が薄れてしまう恐れ

があります。また，例えば「本当にいつでも成り立つだろうか？」という具合に，生徒ではなく教師が問いを提示する場合，生徒たちにとっては「自分たちは特に疑わしいとは思っていないけれども，どういうわけか教師が疑問を投げかけてきている」場面となります。このとき，問いの主体は，教師であって，生徒たちではありません。このことから，主体的な学習のためには，生徒自身が意見を持ち，教師以外からフィードバックが与えられ，そこで問いが生じるような授業デザインが求められることがわかります。これを実現するためには，他の生徒の見解と相違する場面を意図的に仕組むことが効果的であると考えられます。

　また，「深く考えるきっかけを与えるためにICTを使うことが大事だと思います」という意見には，私も賛成です。例えば，「次は2次関数のグラフです。代数式 $y = ax^2 + bx + c$ の係数を動的幾何学ソフトウェアを用いて求めましょう（【2−6】）」という問題があったとします。このとき，生徒は一致するグラフを求めるために係数を変化させます。この際，係数の変化の手続きにおいて，適切な手続きは，動的幾何学ソフトウェアが与えるグラフから判断できます。例えば，係数 $a$ に正の大きな値を与えれば，グラフが $y$ 軸方向に開き適切でないと生徒自身で気づくことができます。与えられたグラフに完全に一致する代数式を求めることがゴールであるため，一致していなければ与えた係数の数値が求めるものでないことを生徒は自ら気づくことができます。すなわち，生徒の行為に対して教師ではなく環境がフィードバックを与えており，主体的な学習が実現する状況であるといえます。

【2−6：ある二次関数のグラフ】

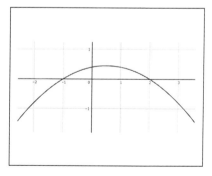

## ⑶中学　3年　平方根

平方根の計算スキル定着の事例

「Google Forms 等を活用してレディネスと到達度を確認する。」

## ちょっとした工夫で成果を見取れる工夫を

　これも大阪市立新巽中学校数学科，大室先生の実践のご紹介です。有岡先生の「授業での可視化」という視点を用いて，別の切り口ではありますが，違いや比較から非認知能力を向上させる事例を紹介します。

### 計算は適度に達成感を持たせるといい

　いわゆる「反復」によって身につけやすい計算力。ここ数年で自由進度を取り入れる授業形式が一気に増えてきたように感じています。最近では教科書やノート・プリントといった従来の教材に加え，デジタルドリルも選択肢の一つになってきました。ただ自由進度学習では，「成果はどう見取るの？」「教師は何をフォローすればよいの？」とその時間の価値づけに不安を感じるときがあります。そこで Google Forms の小テスト機能を使い，ミニテストを授業の前後で実施し，進捗の見取りを行いました。子どもも大人も現状把握や取り組むべき課題を簡単にチェックすることができますし，課題が見つかれば，一斉講義で伝えることもできます。「何ができるようになったか」を可視化することで，個々の学び方に「刺激」を加えます。

　「送信」を押すと即座に採点されます。それぞれのタイミングで即時採点できるので無駄な時間なくスムーズに自由進度学習へ移行することが可能です。それぞれの設問の平均点正答率もわかりますし，教師は誰がどの問題を間違えたのか個別の課題をスプレッドシートで確認することができます。

　プリントを使っても同様のことができますが，採点時間の短縮化や即時集計のおかげで振り返りや計画に注力しやすいのがポイントです。授業の終わりにもう一度同じ問題や類題にチャレンジします。それぞれの正答率が向上

すれば個人の時間の使い方は価値あるものだとわかりますし，向上しなけれ
ば，勉強の仕方や時間の使い方の改善に焦点を当てることができます。

　振り返りの材料やメタ認知するきっかけを整えることは，今も昔も変わら
ず必要なサポート方法の一つです。自分の成長に正しくフィードバックでき
る環境は生徒の自己肯定感や達成感を育み，前向きな挑戦への後押しにつな
がる。そんな資質の向上にも役立てることができます。

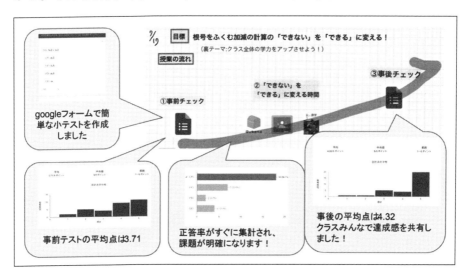

　どんなツールを使おうとも，生徒にどんな力を身につけてほしいのか，授
業をする目的は何なのか？　ここから逆算し，授業をデザインする営みはこ
れからも変わることはないでしょう。授業に想いや目的，人のぬくもりを込
めるのは私たち教育者だということを忘れずにいたいものです。ICT でぬ
くもりを与えるのは授業者である人だということです。感情曲線や振り返り
シートを活用することで個人の意識したい力を明確にしやすい実践です。

# 5. しかけ5

# パターンだけを教える授業を変える
〔まさかの裏切り方式〕

## ⑴高校　数学Ａ　図形の性質

　これまでよく使っていたものが使えなくなってしまう事例
　「サインの値で角度の大小関係が証明できた……いや，できてない。なぜ？」


## この授業の概要

　パターンを覚えて求値問題ばかり授業で行っているので，根拠を問う問題をみんなでやってみようと思い実践しました。使ってほしい知識は「内角の二等分線が内分点（辺の比に内分）になっている」という性質です。

　問題８では具体的な辺の長さや角度が与えられていないのでほとんどの生徒が困っていました。内角の二等分線を使ってくれるグループは出てきませんでした。やはりパターンを覚えているので「内角の二等分→辺の比」はできますが「辺の比→内角の二等分」はハードルが高かったです。問題９も同様にどのグループも苦戦しており，$\alpha$ と $\beta$ が等しくないと予想を立ててはいるものの，そこで止まっていました。

　どのグループも手が止まっていたので「$\alpha$ と $\beta$ が等しいかな？　等しいならどんな条件が成り立つ？」という問いを出したところ，すべてのグループが辺の比に気づいてくれました。問題８では「CM：NC＝1：2を示す」という具体的なゴールに向かって考えはじめることができました。

　問題９では，次の流れですべてのグループが $\alpha > \beta$ の結論に到達できました。「辺 BC を5：3に内分する点 E をとる。→ BE と BD の長さを比較し点 E の場所を確認する。→ ∠EAD と $\alpha$ と $\beta$ の関係に注目する。」

　教師は何も教えていませんが，正答に到ったグループへ他のグループの生徒が教えてもらいに行き，すべてのグループで理解できました。

授業の残り時間5分で授業者が別解を紹介しました。

面積比に注目させ

$\triangle$ ABD：$\triangle$ ACD＝5：2 であるから，

$\triangle$ ABD＝$\dfrac{1}{2}$×5×AD×$\sin\alpha$，　$\triangle$ ACD＝$\dfrac{1}{2}$×3×AD×$\sin\beta$ より

$\sin\alpha$：$\sin\beta$＝3：2 となり $\sin\alpha > \sin\beta$ より $\alpha > \beta$

と示しました。

　生徒は納得している様子で，「おー」という声も上がっていました。そして最後に問いました。

「ところで $\sin 45° > \sin 150°$ だけど $45° < 150°$ と不等号の向きが逆転する場合もあるね。別解にはどの条件が足りないと思う？」

　ここでチャイムが鳴りました。

　次の授業ではなぜ破綻したのかをグループで考えました。$\sin\alpha > \sin\beta$ であるが $\alpha < \beta$ となる $\alpha$ と $\beta$ の組み合わせを考えてもらいました。教師として「具体的に $\alpha$ と $\beta$ の値を定めて，成立するか実験して確認しよう」という指示以外具体的な内容を指示していませんが，生徒が自ら $\alpha + \beta > 180°$ に気づきました。

　「めあて」で見通しを立てて「振り返り」を行うことが大事であることは理解しています。しかし，このときはすでに解決している問題に対し，あえて別解を紹介し，それが破綻しているように見せることで，生徒が新しいなぜに出会うことができたと思います。

　「なぜ破綻したのか」を生徒が考える際「どこに矛盾があるのか」，「隠れた条件に気づいていないのではないか」，「そもそも面積で考えることに問題があるのではないか」等一人ひとり注目する部分は異なるかもしれません。

　教師は共通の「なぜ？」を提示しただけですが，各々の生徒は自分の数学的知識や考え方で解決しようと試行錯誤しています。自分自身と対話を行いながら数学的な見方・考え方を深めていく経験になると思います。

教師が $\alpha + \beta > 180°$ をすぐ示さないことにより，生徒は自分の力で自分の数学と向き合い，自分なりに振り返りができたと思います。

## 単元計画

数学 A

第 2 章　図形の性質（単元指導計画全18時）

　第 1 節　平面図形（13時間）

　　第 1 次　三角形の辺の比（ 1 時間）

　　第 2 次　三角形の外心・内心・重心（ 2 時間）

　　第 3 次　チェバの定理・メネラウスの定理（ 2 時間）

　　第 4 次　円に内接する四角形（ 1 時間）

　　第 5 次　円と直線（ 2 時間）

　　第 6 次　 2 つの円（ 1 時間）

　　第 7 次　作図（ 2 時間）

　　第 8 次　課題学習（ 2 時間）

　　　第 1 時　辺の比から図形を分析 1

　　　第 2 時　辺の比から図形を分析 2

　第 2 節　空間図形（ 5 時間）

## 授業の流れ（第 1 節第 8 次第 1 時　辺の比から図形を分析 1 ）

| 生徒の活動 | 教師の支援 |
|---|---|
| 1　予習問題の問題 8 と 9 についてグループで自分の意見を他の生徒に説明する。 | 予想でもいいので，自分なりの根拠をもって相手に説明するよう指示する。 |

| | |
|---|---|
| 2　グループごとに問題8と9の根拠を発表する。 | |
| 3　他のグループの発表と教師の発問を受けてグループで再度考える。 | 「$\alpha$と$\beta$は等しいかな？　等しいならどんな条件が成り立つ？」という発問をする。 |
| 4　問題8と9の答え合わせを聞く。 | 解説は教師が行い，問題9は面積比を用いた別解を紹介する。<br>別解が破綻する。<br>ここでチャイムが鳴り次時へ続く。 |
| ────次時の授業────<br>1　グループで協力して，条件を満たすように$\alpha$と$\beta$を設定し，具体的な三角形を複数考える。 | ────次時の授業────<br>$\sin\alpha > \sin\beta$かつ$\alpha < \beta$をみたす$\alpha$, $\beta$を探すよう指示する。具体的に$\alpha$と$\beta$の値を定めて，成立するか実験して確認するよう指示する。 |
| 2　グループごとにわかったことを発表してもらい全体で共有する。 | 条件を満たすように$\alpha$と$\beta$を設定すると三角形が成立しないことを，生徒の発言から引き出す。 |

授業プリント

問題8（予習） 京都大学2008年文系改題

　AB＝AC である二等辺三角形 ABC を考える。辺 AB の中点を M とし，辺 AB を延長した直線上に線分 AB を 2：1 に外分する点 N をとる。∠BCM＝$\alpha$，∠BCN＝$\beta$ とするとき $\alpha$ と $\beta$ の大小関係を表しているものは次のどれか。

　　① $\alpha < \beta$ 　　　② $\alpha > \beta$ 　　　③ $\alpha = \beta$

問題9（予習）

　AB＝5，AC＝3 である三角形 ABC を考える。

　辺 BC 上に線分 BC を 5：2 に内分する点 D をとる。

　∠BAD＝$\alpha$，∠CAD＝$\beta$ とするとき

　$\alpha$ と $\beta$ の大小関係を表しているものは次のどれか。

　　① $\alpha < \beta$ 　　　② $\alpha > \beta$ 　　　③ $\alpha = \beta$

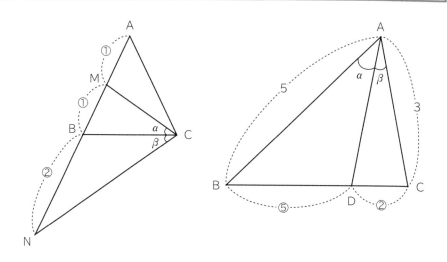

授業プリント（解答）

## 問題8（予習）

$\triangle$ ACM と $\triangle$ ANC において

$\angle$ A は共通

$AC : AN = AB : AN = 1 : 2$

$AM : AC = AM : AB = 1 : 2$

2組の辺の比が等しく，その間の角が等しいから

$\triangle$ ACM $\backsim$ $\triangle$ ANC

よって $CM : NC = 1 : 2$

これと $MB : BN = 1 : 2$ であることから

$CM : NC = MB : BN$

したがって $\angle$ BCM $= \angle$ BCN

③ $\alpha = \beta$

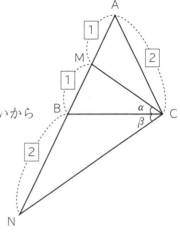

## 問題9（予習）

辺 BC を $5 : 3$ に内分する点を E とする。

$$BE = \frac{5}{8} BC < \frac{5}{7} BC = BD$$

よって $\alpha > \angle$ BAE, $\beta < \angle$ CAE

ここで $AB : AC = BE : CE$ であるから

$\angle$ BAE $= \angle$ CAE

つまり $\beta < \angle$ CAE $< \alpha$ であるから

② $\alpha > \beta$

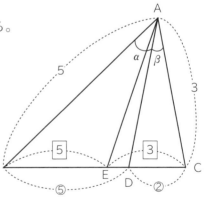

## ⑵分析
　十分なようで不十分な解答を考察させる


## 授業の分析と考察

　この授業において，問題9の別解を示した後の「ところで sin 45°＞ sin 150°だけど 45°＜ 150°と不等号の向きが逆転する場合もあるね。別解にはどの条件が足りないと思う？」という教師の発問は，直前に「おー」と声を上げながら納得していた生徒にとって，想定しなかったフィードバックになっています。そして生徒は，次時で具体的な数値を代入したりしながら，そのズレを生み出す環境に適応し，$\alpha + \beta > 180°$ に気づくことができています。その際，教師は指示をほとんど出していないため，生徒にとってはあたかも教師が不在であるかのような状況です。つまり，主体的な学習が実現する状況が生み出されています。

　ここで重要なのは，示された誤答が，生徒が一度は正答であると判断した解答であったことだと考えます。発見が容易な誤答であったり，正答か誤答か判断できない解答であったりする場合，生徒にとっては提示された問題と解答が自分事にはならず，誤答であったという事実が想定しなかったフィードバックになり得ません。

## 授業デザインへの示唆

　この授業からは，生徒にとって一見十分に見えるけれども不十分な解答を示し，その解答の不十分さを指摘させ修正させる活動が，生徒の主体的な学習のためには有効であることが示唆されます。そのような解答の例としては，すべての三角形が二等辺三角形であることの証明が挙げられます（難波，2021）。

　以下の証明は誤った証明です。

1．三角形 ABC において，角 A の二等分線と BC の垂直二等分線の交点
　　を D とおく。D から，AB，AC に下ろした垂線の足を，E，F とおく。
2．このとき，直角三角形 ADE と ADF は合同（角度がすべて等しく斜
　　辺は共通）。よって DE＝DF，AE＝AF。

【2－7：作成された図】

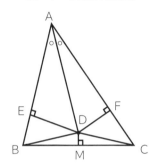

3．また，BC の中点を M とおくと三角形 DBM と DCM は合同（二辺と
　　その間の角がそれぞれ等しい）。よって DB＝DC。
4．上の二つの結果より，三角形 DEB と DFC は合同（直角三角形にお
　　いて斜辺と他の一辺がそれぞれ等しい）。よって EB＝FC。
5．以上により AB＝AE＋EB＝AF＋FC＝AC。
6．よって，三角形 ABC は二等辺三角形である。同じことが辺 BC，BA
　　に対しても言えるので，結局三角形 ABC は正三角形である。

　この証明の誤りについては，難波（2021）でご確認ください。仮に本問を
授業で提示する場合，最初は多くの生徒が正しい証明であると考えますが，
誤りに気づいた生徒の発言や，教師から誤った証明であると教えられること
で，教材（環境）からの想定外のフィードバックを受け，主体的な学習が実
現すると考えられます。また誤答を教材とした授業実践は，数学の深い理解
のために有効です。ただしその誤答は，ケアレスミスや計算ミスなどの単純
な誤りや間違いではなく，問題の核心をついたものでなければなりません。
誤答を指摘し修正させる活動によって，育成を目指す資質・能力が育まれる
ことが大切です。

## ⑶中学　1年　正負の数

正負の数の活用場面があるパフォーマンス課題の事例

「定休日，つくっていいかなぁ？に対して自身の答えを提案する。」

### ちょっとの違いでラストシーンが変わる

　ここでは，答えが曖昧な設定となる問題を紹介します。正負の数の「基準を基に数量を考える」というシンプルなところですが，そんなところにも遊びを入れることで，数学としての力も，非認知能力も育める実践をお伝えしようと思います。

### 定休日，つくっていいかなぁ？

　シチュエーションは毎日休まずに働いているたこ焼き屋さんの店長のお悩み相談から始まります。

　「売り上げ30万円以上は達成しつつ，週に1日くらい休みを取っても問題ないだろうか？」というもの。

　与えられた資料はここ2週間の売り上げの個数がわかる表だけです。拙い資料といえばその通りなのですが，この表から売り上げの傾向を調べ，目標達成できるかどうかを根拠を基に伝えるというものです。

**01**

週１で休み入れたいんだけど…

君たちはたこ焼き屋「やま焼き」でバイトを始めた。店長のやまじろうはここ２週間の売り上げ個数を記録しており、「毎日営業してるけど体力的にしんどいし、そろそろ週１で休み取ってもいいかなぁ？」と悩んでいる。

**02**

とはいえお金も欲しいんだ♪

・たこ焼きは味付けに関わらず１個５０円
・お店の家賃は１００００円
・材料費などの諸経費５００００円
・最低でも月あたり３０万円は稼ぎたい！

**03**

こんな風に教えてね（教科に寄せる）

１）２週間の売り上げ個数を仮平均からの違いで整理し、＋ーで整理する
２）何曜日を定休日にすればよいかアドバイスする
３）月あたり３０万稼げるかどうか推測し、アドバイスする。

**04**

答えが変わる

休んでいい根拠、休んではいけない根拠、表を読み取る根拠など計算の仕方で変化が。

やま焼きの売り上げ個数

| 月 | 火 | 水 | 木 | 金 | 土 | 日 |
|---|---|---|---|---|---|---|
| 342 | 289 | 278 | 330 | 390 | 401 | 323 |
| 330 | 287 | 287 | 316 | 372 | 379 | 338 |

　まずは表を基に，１日の売り上げの基準値を設定し，その増減を正負の数で表します。そうすると，外食が減ると言われる週の初めに売り上げが少ない傾向にあることがわかります。休むのであればその曜日に設定することが良いことを提案できるかを見取りますし，このように基準を決めることで数量の変化が見取りやすくなるのも正負の数を使う良さでもあります。数量の変化を読み取って何に使うのか目的を設定することで，正負の数の表を完成させることに意味が生まれます。このような「活用する場面」を子どもたちに提示し，考えてもらいました。

　そしてその上で子どもたちは30万円以上の売り上げを達成できるかについて試算しはじめます。この問題のポイントは，計算方法によって30万円に達成するかどうかが変化するところです。売り上げの少ない日を抜いて計算しても１ヶ月を４週で計算する生徒と５週で計算する生徒とでは結果が異なりますし，それぞれの曜日の平均値をうまく計算すれば30万円以上になるようになっています。「答えは同じになるはずなのに……」という子どもたちの

思い込みを刺激します。子どもたちは異なる結果に挟まれ，比較すればする
ほどなぜ同じ答えにならないのか原因を考えはじめ，試行錯誤が始まります。

〈稼げないと判断した生徒の成果物〉

仮平均：300個

| 月 | 火 | 水 | 木 | 金 | 土 | 日 |
|---|---|---|---|---|---|---|
| ＋42 | －11 | －22 | ＋30 | ＋90 | ＋101 | ＋23 |
| ＋30 | －33 | －13 | ＋16 | ＋72 | ＋79 | ＋36 |

週に1回、休みを取るなら火曜日をおすすめします。
あなたは1か月に約9880個のたこ焼きを売っています。
なので、1か月の収入は　9880×50＝494000　となります。
そこから1か月分の材料費や、諸経費、家賃などを引くと34万40000円になります。
しかし、毎週火曜日に休みを取るなら約5万5600円減ることになります。
34万4000－5万5600＝28万8400円　なので、目標としていた**30万は稼ぐことができません。**
**ですが1日の売り上げを8個上げると30万円稼ぐことができるので、**
何か工夫してみて、新しい方法を使えば週に1回休んでも30万円稼ぐことができると思います！

〈稼げると判断した生徒の成果物〉

やま焼きの仮平均との違い

仮平均：300

| 月 | 火 | 水 | 木 | 金 | 土 | 日 |
|---|---|---|---|---|---|---|
| ＋42 | －11 | －22 | ＋30 | ＋90 | ＋101 | ＋23 |
| ＋30 | －33 | －13 | ＋16 | ＋72 | ＋79 | ＋36 |

【アドバイス】
1か月に約50万ほどは稼げているから、定休日は売り上げの少ない火曜日や水曜日にするのはどうだろ
う。売り上げの多い曜日を休んでしまうと商売的に勿体無いから、私は売り上げ数の少ない日をすすめる
よ。週1つまり、4日くらい休んでも30万は十分に稼げるしいいと思うよ。
また、材料費などをひくと34万程の利益もあるよ。

また，達成できない結果となってしまってもそれはそれで適切に伝えた上で，週1休みを入れることができるような新たな提案を始める生徒が出てきました。例えば「1個あたりの単価を上げてみる」や「各週で休んでみる」，「人気味を出してみては？」など。子どもたちの思考はとても柔軟で，そんな思考の一部に自然に数学がある姿もまた，見ていて微笑ましいものです。やっていることはとても簡単なので，時間があるときにはこのような遊びをぜひ取り入れて子どもたちの思考を揺さぶり，「他者に関わる力」を引き出す場面を設計すると，数学でも非認知能力を意識することができるようになるでしょう。

　補足ですが，評価に関してはルーブリック等で評価することができます。

---

①正負の数の表を完成させることができるか（知識・技能）
②休みにする曜日を根拠を基に選択しているか（思考・判断・表現）
③2週間の資料ではあるが，それらを使って売り上げを予測し，より良い提案を伝えようとしているか（主体的に学習に取り組む態度）

---

　このように見たい子どもの姿（数学をツールとして他者に貢献しようとする姿）をイメージして，限定的な場面を設計することで逆向き設計のパフォーマンス課題を提示することが可能になります。非認知能力の向上はもちろんですが，子どもたちの性格なども改めて知ることができるのでおススメです。

第 **3** 章

# 生徒を
# 数学好きにする
# 教材のしかけ

## Chapter 3

# 1. しかけ6
# 生徒が自ら問題をつくる〔出題者になる教材〕

## (1)高校　数学Ⅱ　三角関数

入試問題（タンジェント問題）から(1)と(2)の問題をつくる事例
「問題の(1)と(2)をつくることでメタ認知を意識した振り返りを行う。」

## この授業の概要

　問題を解く側からつくる側になることで，解くこと以上に高い思考力を要することになり，生徒は既習事項を有機的に結びつけることができると思い実践してみましたが，思わぬ副産物がありました。

　(2)のクラスの半分くらいが正解という難易度設定について，どのグループも苦戦していました。しかし，授業者として全く予想していないことが起こりました。(2)の問題を作成した生徒がその問題をホワイトボードに書き，グループ内の他の生徒に「この問題に対して何をすればいいかわかる人，手を挙げて」と聞きながらグループ内で試行錯誤しながら難易度を調整していました。1つのグループがそれを行うと，他のグループも真似をしはじめました。グループでの活動の序盤に問題をつくることができないため，グループ活動へ参加できなかった生徒がいました。しかし，この方法をとることで，「手を挙げる」，「手を挙げない」という自己表示でグループ活動へ参加することができました。

　このことがきっかけで，その後のグループ活動では「この部分が理解できない」といった発言ができるようになり，理解できていない部分を正確に説明できる人物として参加することができました。「わからない」と自己開示することで初めて(2)の難易度が確定するため，通常の授業よりも自己開示しやすくなったのではないかと思います。

(1)の全員が正解する問題は長期欠席の生徒が1名いるクラスであったため，難易度が低くなりすぎてしまいました。ほとんどのグループが「∠PQRを弧度法で表せ」になりました。(2)は正答率を維持しながらなおかつ(3)の誘導になる問題にしなければならないのでどのグループも苦戦していました。

　以下生徒が作成した(2)

「P$(p, p^2)$, Q$(q, q^2)$　とおく。$p+q=\sqrt{2}$　を示せ。」

「2点P, Qの$x$座標をそれぞれ$p, q$とすると　$a=\sqrt{3}|q-p|$　を示せ。」

「タンジェントの加法定理を用いて直線QRと直線PRの傾きを求めよ。」

「P$(p, p^2)$, Q$(q, q^2)$, R$(r, r^2)$　とおく。$q+r=\dfrac{\sqrt{2}-\sqrt{3}}{1+\sqrt{6}}$, $r+p=\dfrac{\sqrt{2}+\sqrt{3}}{1-\sqrt{6}}$ を示せ。」

【3−1：生徒の感想（抜粋）】

- みんな大問の解答を理解しているのに，小問を作成すると，同じ小問なのに人によって難しさの感じ方は異なっていた。自分にとっては簡単だと思った小問が友達にとっては難しかったようです。
- 私たちのグループは模範解答を3段階のステップに分けて，それぞれの段階の問題を作成した。人によって3段階に分けるところが異なっていたのが面白かった。
- 小問が(4)まであればもう少し難易度が調整できたかもしれません。
- 小問を作ることでこの問題の意図を理解することができた。今後同じ問題が出題されても自信を持って解くことができる。
- 基礎基本が大事だとわかりました。基礎基本がないとアイデアが出てこない。
- 解説を聞いても理解できていなかったのですが，○○さんの「わからない人がいないと問題が成立しないから，わからなかったら手をあげてね。」という言葉のおかげで気が楽になりました。でもわかったほうが楽しそうなので数学頑張ります。

講義形式の授業を行っていた頃は，問題が解けるようになることを授業の
めあてに掲げ，解法を生徒に伝え，振り返りでは生徒個人が解けるようにな
ったかどうかを確認していました。しかし生徒の感想にあるように，今回グ
ループで問題をつくる活動を行うことで，それぞれの生徒が協力し合い，お
互いの理解度を確認しながら，メタ認知をして振り返りができたと思います。

## 単元計画

数学Ⅱ
第4章　三角関数（単元指導計画全19時）
　第1節　三角関数（11時間）
　第2節　加法定理（8時間）
　　第1次　正弦・余弦の加法定理（1時間）
　　第2次　正接の加法定理（1時間）
　　第3次　正接の加法定理と2直線のなす角（2時間）
　　　第1時　2直線のなす角（基礎）
　　　第2時　2直線のなす角（応用）
　　第4次　加法定理の応用（4時間）

## 授業の流れ（第2節第3次第2時　2直線のなす角（応用））

| 生徒の活動 | 教師の支援 |
|---|---|
| 1　問題10と11の解説を聞く。 | 問題10と11の解説を行う。 |
| 2　小問(1)と(2)が誘導になっていることをペアで確認する。 | 解説後に問題10について<br>(1) $\tan 2°$ を $\tan 1°$ を用いて表せ。<br>(2) $\tan 32°$ を $\tan 30°$ と $\tan 2°$ を用いて表せ。<br>という小問を示す。 |

| | |
|---|---|
| | 解法がわからない難問であっても適切な小問があれば，筋道を立てて考えることができることを伝える。 |
| 3　問題11の小問を個人で考える。 | 小問(1)と(2)をつくるが(1)はクラス全員が正解し，(2)はクラスの半分くらいが正解するように難易度を設定することにする。なお(3)の問は「このとき，$a$ の値を求めよ。」である。 |
| 4　個人の思考の後，7，8人のグループを6つ作り，それぞれのグループにホワイトボードを1枚ずつ与えて，自分の考えた問題をグループ内で共有する。 | 興味深いアイデアがあれば，全体で共有する。 |

## 小テスト例

問題10　京都大学2006年後期
　　$\tan 1°$ は有理数か。

問題11　東京大学2004年文理共通前期
　　$xy$ 平面の放物線 $y = x^2$ 上の3点 P，Q，R が次の条件をみたしている。「△PQR は一辺の長さ $a$ の正三角形であり，点 P，Q を通る直線の傾きは $\sqrt{2}$ である。」このとき，$a$ の値を求めよ。

小テスト（解答）

問題10

tan 1° が有理数であると仮定する。

2倍角の公式から $\tan 2\alpha = \dfrac{(2\tan\alpha)}{(1-\tan^2\alpha)}$ を繰り返し用いることにより，

$\tan 2°$，$\tan 4°$，$\tan 8°$，$\tan 16°$，$\tan 32°$ はすべて有理数となる。

よって，$\tan 30° = \tan(32° - 2°) = \dfrac{(\tan 32° - \tan 2°)}{(1 + \tan 32° \cdot \tan 2°)}$ であるから，

$\tan 30°$ は有理数となる。

しかし，$\tan 30° = \dfrac{1}{\sqrt{3}} = \dfrac{\sqrt{3}}{3}$ であり $\sqrt{3}$ は無理数であるから矛盾が生じる。

したがって $\tan 1°$ は有理数ではない。

問題11

P $(p,\ p^2)$，Q $(q,\ q^2)$，R $(r,\ r^2)$ とおく。

直線 PQ の傾きが $\sqrt{2}$ であるから $\dfrac{q^2 - p^2}{q - p} = \sqrt{2}$

すなわち $p + q = \sqrt{2}$ …①

また，PQ の長さは $a$ であるから

$$\begin{aligned}
a^2 &= (q-p)^2 + (q^2 - p^2)^2 \\
&= (q-p)^2 + \{(q-p)(q+p)\}^2 \\
&= (q-p)^2 + (q-p)^2(q+p)^2 \\
&= (q-p)^2\{1 + (q+p)^2\} \\
&= (q-p)^2\{1 + (\sqrt{2})^2\} \ (\because ①) \\
&= 3(q-p)^2
\end{aligned}$$

よって $a = \sqrt{3}\,|q-p|$ …②

ここで△PQRは正三角形より，2辺のなす角は60°である。

辺PQ以外の2つの辺の傾きを $m$, $n$ とするとタンジェントの加法定理から

$$m = \frac{\sqrt{2} + \tan 60°}{1 - \sqrt{2}\tan 60°} = \frac{\sqrt{2} + \sqrt{3}}{1 - \sqrt{6}}$$

$$n = \frac{\sqrt{2} - \tan 60°}{1 + \sqrt{2}\tan 60°} = \frac{\sqrt{2} - \sqrt{3}}{1 + \sqrt{6}}$$

また，3点P，Q，Rの対称性から傾きに関して次の式が成り立つ。

$$p + q = \sqrt{2}, \quad q + r = n, \quad r + p = m$$

②より $a = \sqrt{3}\,|q - p|$

$$= \sqrt{3}\,|(q + r) - (r + p)|$$

$$= \sqrt{3}\,|n - m|$$

$$= \sqrt{3}\left| \frac{\sqrt{2} - \sqrt{3}}{1 + \sqrt{6}} - \frac{\sqrt{2} + \sqrt{3}}{1 - \sqrt{6}} \right|$$

$$= \sqrt{3}\left| \frac{(\sqrt{2} - \sqrt{3})(\sqrt{6} - 1)}{(\sqrt{6} + 1)(\sqrt{6} - 1)} + \frac{(\sqrt{2} + \sqrt{3})(\sqrt{6} + 1)}{(\sqrt{6} - 1)(\sqrt{6} + 1)} \right|$$

$$= \frac{\sqrt{3}}{5}\,|(2\sqrt{3} - \sqrt{2} - 3\sqrt{2} + \sqrt{3}) + (2\sqrt{3} + \sqrt{2} + 3\sqrt{2} + \sqrt{3})|$$

$$= \frac{\sqrt{3}}{5} \times 6\sqrt{3} = \frac{18}{5}$$

## ⑵分析
　難易度が設定された設問づくりで数学好きにする

## 授業の分析と考察

　私たちは，自分で自分が何を感じているのか，どうしてそのように考えているのかということを，別の視点からモニターして，行動を改めたりすることができる機能を持っており，それを果たす人間の認知のはたらきをメタ認知といいます（望月，2019a，p. 49）。メタ認知の構成要素には，私たちがどのようにしたらよりよくわかるのか，どうしたら誤りを防ぐことができるのか，といった認知プロセスや認知的方略に関する知識（メタ認知的知識）と，それを使って，自分の認知をモニターしたりコントロールしたりする活動（メタ認知的活動）の２つがあります（望月，2019a，p. 50）。そして，メタ認知を働かせることは教えることができ，その教授によって生徒の数学学習や数学授業に対するポジティブな感情も育まれることが知られています。

　この授業では，難易度が設定された設問をグループでつくるという活動が行われました。そこでは，メタ認知的知識の習得・改善やメタ認知的活動が行われたと考えられます。具体的には，設問をつくるにあたって，生徒はその問題の解決過程を振り返り，筋道を立てることで，よりよく課題を遂行するための工夫（方略についての知識）を習得・改善したと考えられます。実際，生徒からは「今後同じ問題が出題されても自信を持って解くことができる」等の感想がありました。またこの活動は，各設問の難易度が指定された上で，グループで行われたため，グループのメンバーが共通でつまずいている点を確認するなどを通して，生徒は課題に取り組むときに気をつけるべきことや困難さといった課題についての知識を習得・改善したと考えられます。実際，生徒からは「人によって３段階に分けるところが異なっていたのが面白かった」等の感想がありました。そして，「グループ内の他の生徒に『この問題に対して何をすればいいかわかる人，手を挙げて』と聞きながら」と

いう生徒の活動からは,「ここがよくわからない」,「これは難しそうだ」といった認知に関する気づき・予想・点検・評価をするメタ認知的モデリングや,「きちんとできるようになろう」,「他の考えでやってみよう」など, 認知についての目標設定・計画・修正を行うメタ認知的コントロールが行われたと考えられます。このように, 意図的に生徒のメタ認知を働かせた授業では, 数学学習や数学授業に対するポジティブな感情も育まれたと考えられます。実際, 生徒からは「わかったほうが楽しそうなので数学頑張ります」等の感想がありました。

## 授業デザインへの示唆

この授業からは, グループでの難易度が設定された設問づくりが, 生徒のメタ認知を働かせることを学ぶための教授法の一つになり得ることが示唆されます。メタ認知教授法として必要なことの一つは, 自己説明を促すことです。自己説明は認知的負荷が高く, 生徒が自分で取り組むのはたいへんです。しかし, 教師が質問をして生徒に答えさせるだけでは, 生徒はなぜその質問をされているのかを考えず, 受け身の活動になってしまいます。それに対してグループでの難易度が設定された設問づくりでは, すべての学習者が自分の理解の程度を説明しなければ, 難易度が設定された設問をつくることができません。そのため, 学習者が必要感や責任感を持って問題の解決過程を振り返り, 方略についての知識や課題についての知識を習得・改善することが期待できます。その結果, 生徒の自己説明を自然に促すことが期待できます。さらに, それがグループで実施されるため, 生徒には, 自分の理解の程度を説明したり, 他者の理解の程度を確認したりする場面が生じます。そこでは, メタ認知的モデリングやメタ認知的コントロールが期待できます。なお, メタ認知教授法は様々な研究で提案されており, 例えば, 相互教授法やIMPROVE モデルなどがあります。

## ⑶中学 1年 方程式

方程式の計算スキル定着の事例

「Google Forms 等を活用して反復できる小テストを作成する。」

## 到達度の見せ方と共有の仕方

　他者を意識した学習形式として，よく問題をつくりあって解いたり，ミニテストを自分たちで作成するといった実践をしている先生も多いでしょう。そんな中，Google Forms や Jamboard を使うことで共有しやすかったり，自己の学習の理解が深まったりする事例があります。さらに，デジタルの良いところは反復ができることです。ここでは反復できる教材を提供する良さや，誰かが解いて役に立つ問題作成の時間をつくる良さについてご紹介したいと思います。このような場が設計できればそれらは大いに非認知能力が高まる場面を設計できます。また，上級生が下級生になんて仕組みにしたら，胸熱な場面ができるかもしれません。それではさっそく，見ていきましょう。

## 反復できる Google Forms での到達度テストについて

　方程式の計算や連立方程式，因数分解など，身につけてほしい数学の計算スキルは教科書や時代によりません。単元ごとに身につけてほしい計算スキルのミニテストを作成し，単元のタ

【10/21】 方程式を解くSテスト

・次の方程式を解き、①〜④の選択肢から解を答えなさい。
・全部で50問あります。
・問題は難易度に関係なくランダムに出題されます。
・到達度の目安は以下の通りです。

80点以上（40問）　S（まさに計算王！あとは速度と精度を上げていこう！）
60点以上（30問）　A（移項の計算までできています）
40点以上（20問）　B（等式の性質は理解できているかなと）
20点以上（10問）　C（もしかしたら四則の計算が苦手かも？復習が必要かもしれません）

すべて解く必要はありません。

イミングごとに出題し，定期的にスキルの到達度を双方向で確認しながら進めることができます。

　Google Forms を使った小テストのつくり方を簡単に紹介しておきます。

「設定」＞「テストにする」＞成績の発表を「発表直後」にしておくと生徒は送信ボタンを押した後すぐに到達度を知ることができます。「回答者の設定」で正解，不正解や点数のフィードバックなど，何を伝えたいかで設定を変更することもできます。「プレゼンテーション」＞「進行状況バーを表示」を選択しておくと，テストの進行状況を把握できるので，時間配分の目安を提示することも可能です。私は作成の際に回答方法を選択制にし，問題と解答を画像で挿入してい

ます。回答の方法を指導する手間が省けるからです。選択制にする以上は小数を使用しないなど，答え方について授業内で指導しておくことも大切です。また，問題のレベルをS～Cと掲示しておくことで子どもたちも自身の向き合うべき課題にアプローチしやすくなります。「プレゼンテーション」＞「質問の順序をシャッフルする」にすることで問題順がランダムに出題されるので，ある程度の暗記防止にもつながります。余裕があれば問題の数値などを変えて問題をストックしていくことで，教師は何度でも効率的に生徒に到達度を確認させることができます。

　このような設計であれば，目標に向けて粘り強く自己と向き合う場面を設計できますし，小テストを作成して他者貢献の場面をつくるのも一つです。「来年の後輩たちに向けてミニテストを作成しよう」や「難問でみんなを唸らせよう」，「苦手な子が反復して身につく作問をしよう」，「テストの予想問題を作成しよう」など広げ方はたくさん考えられます。そんな営みの中でこちらも唸るような問題や心配りされた問題などに出会うことができるかもしれません。普段と違い出題側の立場にすることで，輝く生徒も変わってくるかもしれません。子どもたちが輝く場をたくさんつくっていきましょう。

# 2. しかけ7

# 正しいことだけを伝える授業を変える
〔大どんでん返し教材〕

## (1)高校　数学B　数列

ゴールドバッハ予想（途中で情報を加えたり増やしたりする）の事例
「先生なのに正解を教えない。いや，教えることができない。」

## この授業の概要

　問題12の(1)の解答例は「自然数の範囲において任意の偶数は2つの奇数の和で表すことができる。」です。生徒はいつも「○○を証明せよ」という問題ばかり解いているので，証明を見せてから命題を推測させるのは新鮮だったようです。生徒にとってはあまりに当たり前すぎる命題ゆえに，正解に到るまで時間がかかりました。

　別解についてのグループの話し合いでは面白い協議がされていました。「偶数だから1と奇数に必ず分けられるだろう」，「$2n = n + n$ だから $n$ が奇数なら終わり。もし $n$ が偶数なら $n + n = (n + 1) + (n - 1)$ とすれば終わり」といった今まで学習した内容とつながるような別解が出てきました。

　問題12では2つの奇数。問題13では2つの素数と少し制限を加えました。生徒はすぐに実験し $1 + 1 = 2$（1は素数ではない）に気づいてくれました。

　問題13改ですが，かなり盛り上がりました。4，6，8…と順番に実験するグループや数学的帰納法でなんとかできないか $k$ と $k + 1$ の関係性を考えるグループ。他には背理法を使おうとするグループがありました。中には「偶数なんだから $2n = 2 + 2 + 2 + \cdots$ と表すことができて，2は素数だから真」という提案をした生徒に対し「2は素数だけど2つで表示できてない」と突っ込みを入れているものもありました。生徒同士の議論なので思ったことをどんどん発言できているなと感じました。6グループ中1グループが真で5グ

ループが偽と判断してくれました。真の理由は「反例が見つかりそうにない」とのことでした。偽の理由は「これだけ反例が見つからないけど，どーせ研究者が反例を見つけているはず」という意見がほとんどでした。

　授業時間が残り10分となったときにこの問題がゴールドバッハ予想であることを紹介しました。未解決問題です。生徒にとっては衝撃的だったようです。授業で扱うものには必ず解答が存在し，先生がその解答を教えてくれるものだという先入観があったようです。確かに普段の授業では正しいことだけを正確に教えることがほとんどです。しかしそれだけでは，正答を待つだけの生徒を育ててしまうのではないかと不安に感じたことがあります。今回の授業はその解決につながるかもしれないと思い実施してみました。授業後の振り返りでは次のものがありました。「ちょっとずつ難易度が上がっていったおかげで考えることができた」，「こんな単純な命題なのに未解決なのはびっくりした。解決したら1億円以上もらえるので（賞金として）少しやる気になった」（【3−2】参照）。数学の授業でよくある「難しい→楽しくない」「解けない→楽しくない」の流れをこの授業を受けた生徒は「難しい＆解けない→楽しい」と感じてくれたようです。自分の知識を使ってしっかり考えることは，難しいとか解けないとか関係なく，楽しいものですね。

## 単元計画

数学 B
第3章　数列（単元指導計画全20時）
　第1節　等差数列と等比数列（7時間）
　第2節　いろいろな数列（9時間）
　第3節　漸化式と数学的帰納法（4時間）
　　第1次　漸化式（2時間）
　　第2次　数学的帰納法（2時間）
　　　第1時　数学的帰納法の原理・等式と不等式の証明
　　　第2時　数学的帰納法の応用

授業の流れ（第3節第2次第2時　数学的帰納法の応用）

| 生徒の活動 | 教師の支援 |
|---|---|
| 1　予習問題の問題12についてグループで情報交換を行う。 | |
| 2　グループで意見をまとめて(1)と(2)を全体に発表する。 | (2)はまだ発表されていない別解を発表してもらう。 |
| 3　問題13を考える。グループで相談する。反例が見つかるためすぐに答えがわかる。 | |
| 4　問題13改を考える。グループで協議し，グループの意見として真か偽かを決定し，全体で発表する。 | 未解決問題である「ゴールドバッハ予想」であることを紹介し，インターネットで調べるよう指示する。 |
| 5　振り返りを行う。<br>1-1　数学的判断ができるようになりましたか？<br>　　できた。なぜなら……<br>　　できなかった。だけど……<br>1-2　上記の……につながる文章を記入してください。<br>2-1　臨機応変に対応することができましたか？<br>　　できた。なぜなら……<br>　　できなかった。だけど……<br>2-2　上記の……につながる文章を記入してください。 | 振り返りの項目は左の通り<br>1-1と2-1は選択形式。 |

授業プリント

問題12（予習）

　　　　(A)　　　を証明せよ。

（証明）

　自然数における任意の偶数は自然数 $n$ を用いて $2n$ と表すことができる。

　[1] $n=1$ のとき

$2=1+1$ 　より(A)は成り立つ。

　[2] $n=k$ $(k=1,\ 2,\ 3\cdots)$ のとき

$2k=s+t$ となる奇数 $s,\ t$ が存在すると仮定する。

$n=k+1$ のとき

$2(k+1)=2k+2=s+t+2=s+(t+2)$

ここで仮定から $s,\ t$ は奇数より $s$ と $t+2$ は奇数である。

よって(A)は $n=k+1$ のときも成り立つ。

　[1]，[2] より(A)は示された。　　終

(1)　(A)に入る命題を答えよ。

(2)　上記以外の証明を示せ。

問題13

　命題「正の偶数は2組の素数の和で表すことができる」の真偽を答えよ。

問題13改

　命題「4以上の偶数は2組の素数の和で表すことができる」の真偽を答えよ。

授業プリント（解答）

問題12（予習）

(1)例「自然数の範囲において任意の偶数は２つの奇数の和で表すことがで
きる。」

(2) 省略

問題13

$2 = 1 + 1$ であるが１は素数ではない。よって「偽」である。

問題13改　未解決問題

【3－2：生徒の振り返りのコメント（抜粋）】

| 1-1 数学的判断ができるようになりましたか？ | できた。なぜなら……の主な意見 |
|---|---|
| | ・最初の問題で別の証明方法を模索するときに様々な意見を提案することができたから。 |
| | ・最後の命題で，素数は全部奇数ですべての偶数は奇数の和で表されるから偶数は素数の和でも表されそうだな……と考える事ができたから。 |
| | ・問題文中の表現を見て，やってはいけないことを考えたり別解をこれまでで習った知識を用いて考えたからです。 |
| | ・「すべての自然数において，偶数は２つの奇数の和になる」の別の証明を考えることができた。 |
| | ・奇数＋奇数が偶数になることを中学校などの今まで習った知識で，考えることができた。また，具体例などを考え反例を探して，証明しようとした。 |
| | ・証明での文字の条件や示す順番などから，どんな命題を証明しているか考えることができたから。 |

| | |
|---|---|
| | **できなかった。だけど……の主な意見** |
| | ・足元に落ちている反例に気づかなかった。 |
| | ・他の人の意見を聞いて納得することはできた。 |
| 2-1<br>臨機応変<br>に対応す<br>ることが<br>できまし<br>たか？ | **できた。なぜなら……の主な意見** |
| | ・お互いの意見に反例を考えながら吟味できた。 |
| | ・問題文を変えられたとき，色々な例や数字を足し算して，正しいことが証明されるかどうか考えられたから。 |
| | ・班員の意見を受け入れた上で自分の考えを述べることができた。 |
| | ・ゴールドバッハ予想の問題を考えているときに色々な考えの案が出たが，問題文に着目してその考え方が問題に沿ってないことに気付けたから。 |
| | ・考えた意見や体験に対して疑いを持てたから。 |
| | ・間違っていても，相手の意見をちゃんと受け入れ自分なりの結論を導き出すことができたから。 |
| | **できなかった。だけど……の主な意見** |
| | ・他の人の意見を鵜呑みにするのではなく疑うように意識した。 |
| | ・一つの問題にも様々な解き方があるとわかりました。証明ができない問題もあるとわかり面白かったです。 |
| | ・証明の方法は一つではなく，今まで習った内容から考え，それを応用することで様々な場面に使うことができることがわかった。 |

## ⑵分析

　教師もわからない・間違えることで数学好きにする


## 授業の分析と考察

　「（生徒には）授業で扱うものには必ず解答が存在し，先生がその解答を教えてくれるものだという先入観があったようです」とあるように，数学の授業には暗黙のルールがあるとされています。第2章で扱った教授学的状況理論においては，それを「教授学的契約」と呼びます。これは，指導内容についてすべてを知っている教師と知らない生徒という，大きく異なる性質を持つプレイヤーが授業に存在し，相互に異なる期待（教えよう，学ぼう）を持つために生じるルールです。一般に，構成主義的な学習を目指すのであれば，生徒は学習対象となる数学を自ら発見し，その意味を自ら構築することが望まれます。一方で，教育である以上，教授すべき対象が教師によって設定されており，生徒が設定された学習目標に到達できるようにする必要があります。このジレンマにおいて，問題となる教授学的契約が生じます。授業において発見すべき内容は教師が定めるため，生徒が教師の期待しているものを探る活動が生じます。その結果，問題を解決することにおいて，問題場面の必要性からではなく，教師の期待に応える必要性から，期待されている方法を用いて期待される解答を導き出し，さらに得られた結果の妥当性判断が教師に委ねられます。つまり，構成主義的な学習では，発見した結果に対して一定の責任が持てるような活動を目指しているにもかかわらず，結果の妥当性を教師に判断してもらわなければならないという事態が生じるのです。

　その一方で，この授業で扱われたのはゴールドバッハ予想であり，未解決問題です。生徒にとっては，教師は指導内容についてすべてを知っている存在であったにもかかわらず，この授業ではそうではない存在として認識されることになります。これにより，教授学的契約が更新されたと考えられます。このことは，「今回の授業は（正答を待つだけの生徒を育ててしまうこと）

の解決につながるかもしれない」という有岡先生の思いとも整合的です。

　また，ゴールドバッハ予想という，生徒でも実験可能な予想であったことと，問題12，13が生徒が問題解決できる難易度に調整されていたことは，教授学的契約の問題が生じにくい要因であると考えられます。証明が既知の命題を考えたり，具体的な数値を代入して反例を調べたりする生徒の活動の必要性は，教師ではなく問題12，13から生じています。つまり，知識の獲得と利用が，問題解決のために求められ，教師に求められているのではありません。これらのことは，生徒の振り返りとも整合的です。

## 授業デザインへの示唆

　この授業からは，教授学的契約の問題を生じさせない授業が，生徒の授業や学習に対する感情やモチベーションを向上させることが示唆されます。この授業では，未解決問題であるゴールドバッハ予想を提示することで，それが実現されようとしましたが，他にはどのような方法があるのでしょうか？

　例えば濵中・加藤（2014, p. 136）は，「最初の段階である数学的アイデアの提示は，教師主導で行われることを想定している。そして，そのアイデアを検証するような作業として数学的実験を行い，数理現象に出会う段階へと進むが，この段階で，…［略］…（教師は）当初の数学的アイデアが当然なりたつ（つまり真理は教師が知っている）ようにふるまいながら，一度アイデアの棄却が必要となるように，あらかじめ題材を設定しておく」という方法を提案しています。教師主導で提示され，生徒もある程度納得した数学的アイデアであるにもかかわらず，実験や測定によりそれが棄却されることは，教授学的契約の問題を生じさせない，すなわち，教師が「真理の伝達者」ではなく，真理は環境の中にあるのだという新たな認識が生まれることが期待されます。そしてそれを実現するためには，意図的な教材開発と教師の振る舞いが必要です。

## ⑶中学　1年　比例・反比例

グラフの活用の事例

「USJのゲート，いくつつくればいいのかなぁ？に対してグラフを活用して根拠を述べる。」

## 比例で考えれそうなくせに方程式で解決し，実は反比例だった問題

　ここでは，私の代表的な受付問題を紹介します。小中学校では理科，社会，数学とあらゆる教科で比例の概念を使うことが圧倒的に多いです。そこで，この問題では，比例を使うと思ったら方程式だし，さらにまとめると反比例だったという大どんでん返しを喰らう問題を用意しました。ちょうど10年前ぐらいにUSJのゲートが新設されて顔認証システムがアップデートされたときがありました。アミューズメントパークは待ち時間が長いですよね。そこで生徒にはUSJのスタッフとして依頼があったことにし，せめて入場がスムーズに行けば待ち時間も減り，満足度が上がるかどうかについて考えさせる問題を与えました。ただ，そのままつくっても面白くないので，「比例で考えるとUSJの入場待ちの時間が0分になってしまう」設定にしました。入場の待ち時間が0分だなんてありえるの？　そういう日常的な感覚で間違いだと気づけるかがこの問題の特徴で，ここに気がつくと一気に学びに火がつきます。数量の変化を捉え直すことができるかに焦点を当てた課題です。

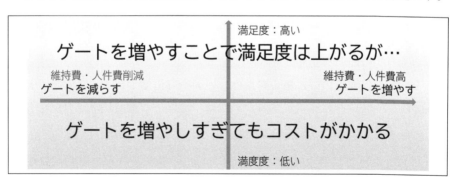

課題：受付のゲートの数を増やして待ち時間を減らす上で，適切なゲートの数はいくらかを調べて報告せよ。

〈概要〉あなたは USJ の入場ゲートのスタッフに任命されました。新しいシステムが入ったことにより，今までの半分の人数でスムーズに入場できるようになりました。スタッフとしてさらに待ち時間を軽減しストレスを和らげるために「受付の増設」を検討することを考えました。しかし，単純に受付を増やしても維持費や人件費はかかりますし，少なければお客様の待ち時間が増えてしまいます。適切な受付の時間はいくらかを考え，報告する資料をまとめていかなければなりません。

〈待ち時間とゲートの数の情報〉
①休日の開場前は，いつも7200人程度が待っており，開場後も<u>1分あたり90人程度の人数</u>が来る。
②ゲートを5ヶ所開いたとき，120分で待っている客はいなくなった。
③ゲートを6ヶ所開くと，80分で待っている客はいなくなった。
④ゲートをいくつか開くと，開場時刻から40分後に待っている客がいなくなった日があった。

〈新しくできたゲートの情報〉
①1ゲートあたり，3つのカウンターがある。
②1つのカウンターは，約6秒に1人通ることができる。
③最低，4ヶ所以上ゲートは開けている。

〈初期設定〉　※表が埋まるのはゲートの数が5ヶ所と6ヶ所のとき

| ゲートの数 | 4 | 5 | 6 | 7 | 8 | 9 | 10 |
|---|---|---|---|---|---|---|---|
| 待っている客がいなくなる時間（分） | | 120 | 80 | | | | |

最初は初期設定からスタートです。④がどこに入るかを考えたときに120（分）→80（分）と見えるので，「40分減少しているから次も40分減少するだろう」として考えると以下のような表になり，8ヶ所で良くない？といった答えが出てきます。

〈間違いが起こりやすい考え〉

| ゲートの数 | 4 | 5 | 6 | 7 | 8 | 9 | 10 |
|---|---|---|---|---|---|---|---|
| 待っている客がいなくなる時間（分） | 160 | 120 | 80 | 40 | 0 | 0 | 0 |

答え：8つにすれば待ち時間の人はいなくなる。だから8ヶ所である。

　こちらの意図した術中にはまってくれる生徒は結構います。なぜなら多くの場面で比例を使うことが多いからです。速さ・時間・道のりの問題やオームの法則などはわり算の概念が入っていますが，かけ算に置き換えて考えることもでき（私がそうして計算するタイプです），なんとなく比例をメインオプションで捉えてやりくりできることができてしまうからです。しかし，前述したように，0分ってなんかおかしいですよね。生徒たちもここに違和感を考え，捉え直します。ここからは中学生には難問なので，適宜ヒントを交えながら状況の整理を行います。問題としては方程式で解決するケースになります。要は一定時間でゲートを通った人数を2通りの式で表すことができます。

　例えば，5ヶ所開いた場合，

1）全員通過するのは120分後なので元々いた7200人を足すと，

　$7200 + 120 \times 90 = 18000$（人）…①

2）1ゲートあたり1分で30人通過するので，

　$30 \times 5 \times 120 = 18000$（人）…②

　よって①，②より

　$7200 + 120 \times 90 = 30 \times 5 \times 120$

という等式を導くことができます。これを用い

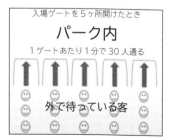

て計算すると，以下のような表になります。

〈正しい考え〉

| ゲートの数 | 4 | 5 | 6 | 7 | 8 | 9 | 10 |
|---|---|---|---|---|---|---|---|
| 待っている客がいなくなる時間（分） | 240 | 120 | 80 | 60 | 48 | 40 | 34 |

グラフ化するとこのようになります。

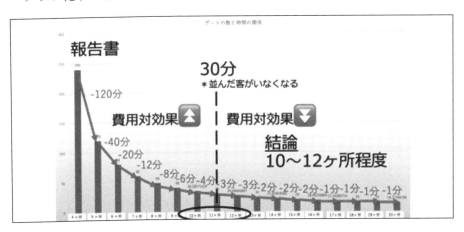

　子どもたちは USJ だし30分ぐらいなら全然待てるかな？と言っていました。またグラフにすると増やせば増やすほど1つあたりの効果はなくなってくることがわかります。このように反比例の変化の割合に注目することで費用対効果についても考えることができます。この問題では，数学的には増やしすぎても費用対効果が得られないこと，その上で相手を思って納得解を導くこと，この2つの視点に焦点を当てて資料を作成できるかを評価しました。「ゲートが2倍，3倍になれば，待ち時間はそりゃあ $\frac{1}{2}$ 倍，$\frac{1}{3}$ 倍ってなるよね」。よくよく考えるとわかることなのですが，なかなか気づけない問題でした。反比例を身近に感じるとともに，「難しかったけど考えるのが楽しかった」と子どもたちから声が聞こえてきたのは嬉しい思い出です。学校の研究授業で非認知能力や資質・能力の育成に向けたパフォーマンス課題として初めて実践した問題としても思い出深い問いの一つです。

# 3. しかけ8

# 別世界を教える授業を変える
〔気づいたら身近な教材〕

## ⑴高校　数学Ａ　整数の性質

　約数の気持ちになって自分の出席番号と出会いなおす事例

　「倍数の話をしていますが，約数のことを考えています。」


### この授業の概要

　問題14は予習の段階で正答している生徒はいませんでした。はっきり答えが出ないし，自分の知識をどう使えばいいのかピンとこなかったようです。また，倍数なので操作１，２，…と進むにつれて考えるカードがどんどん減っていきますが，200までの倍数をチェックする元気がなかったようです。

　そこでクラス全員で実験をしました。40人のクラスだったので自分の出席番号のカードになったつもりで考えてもらうことにしました。「表」のときは起立し，「裏」のときは着席してもらうことにしました。授業者が１，２，３とコールするたびに生徒は起立や着席を行っていきます。

　時間をとって，どの数字がコールされたとき起立または着席をするのか生徒一人ひとりに考えてもらいました。素数の出席番号の生徒はラッキーと言っていました。

　ここで初めて生徒にとって考える対象が変わりました。倍数を考えるのではなく，約数を考えるようになったのです。自分の出席番号の約数をノートに書き出し，実験が始まりました。

　１，２，３，…40とコールを終えました。起立している生徒は５人です。その生徒に順番に出席番号を聞いていきました「25です」，「16です」，「１です」。このあたりで多くの生徒が気づきました。「９です」，「36です」とすべての数字が出そろいました。全員の生徒が平方数という規則性に気づいてく

れました。そして同時に出席番号４番の生徒が欠席であることも気づいてくれました。「なぜ平方数になると思う？」という発問をしなくても，生徒たちはその理由についてグループ内でお互い説明をしていました。平方数は約数の数が奇数個になります。気づけば当たり前のことですが，実験をして手に入れた知識であることと，個人ではなくクラス全員が協力することで到達することができたことに意味があると思います。

　問題15は和で表すのに先に積を考えるというところが面白いと思い扱った内容です。自分の出席番号から足しはじめて90になる場合があるかどうか考えてもらい，90を除く５パターンが出ました（例えば，出席番号29の生徒は，$29+30+31=90$ となり成立。出席番号30の生徒は，$30+31<90$ であり $30+31+32>90$ なので成立しない）。しかしこの問題と問題14とのつながりに気づくまでに時間がかかりました。数学Ｂの数列をまだ学習していないので初項 $a$，末項1，項数 $n$ の等差数列の和が，$\frac{1}{2}n(a+1)$ となることを使えません。

　そこで連続する自然数の和は平均値×項数で表せることを説明しました。例えば2，3，4，5，6の５つの数字の平均値は４です。したがって $2+3+4+5+6=$ 平均値 $4×$ 項数 $5=20$ と求めることができます。

　加えて「連続する自然数の和が90」を次のように読み替えるように説明しました。

---

　□＋（□＋1）＋（□＋2）＋…＋（□＋△）＝90と表すことができたとき

　□，（□＋1），（□＋2），…，（□＋△）の平均値を $m$，項数を $n$ とすると平均値 $m×$ 項数 $n=90$ となっている。

　逆に $90=10×9$ と２つの自然数の積で表示したとき10が平均値で９が項数を表している。つまり $90=6+7+8+9+10+11+12+13+14$（右辺の項の平均値は10　項数は９）

---

今度は $90 = 10 \times 9$ でなく $90 = 9 \times 10$ としたとき 9 が平均値で10が項数と読み取れますが，9 が平均値で10が項数となる自然数の組み合わせは存在しません。

そこで生徒は項数は奇数に限定できると仮説を立てました。しかし $2 + 3 + \cdots + 13 = 90$ と $21 + 22 + 23 + 24 = 90$ は連続する数が偶数個なので困ってしまいました。また $90 = 6 \times 15$ としたとき $-1 + 0 + 1 + 2 + \cdots + 12 + 13$ と負の数も含むため，さらに困っていました。ヒントを与えず見守っていると 1 つのグループが $-1 + 0 + 1 = 0$ で打ち消すことに気づき全体に発表してくれました。したがって $-1 + 0 + 1 + 2 + \cdots + 12 + 13 = 90$ は $2 + 3 + \cdots + 12 + 13 = 90$ と書き換えることができます。

これにより負の数を含むことなく，なおかつ項数が奇数から偶数になりました。これで 2 つの問題を同時に解決できました。

解答を教師が説明するだけなら45分の授業で実施できたと思います。しかしそれでは生徒個人の活動で閉じてしまいます。「みんなで数学するのって楽しい」と生徒に思ってもらいたかったので，「楽しむ」ことを優先しました。

## 単元計画

数学 A
第 3 章　整数の性質（単元指導計画全16時）
　第 1 節　約数と倍数（7 時間）
　　第 1 次　約数と倍数（2 時間）
　　　第 1 時　約数と倍数
　　　第 2 時　素因数分解
　　第 2 次　最大公約数・最小公倍数（3 時間）
　　第 3 次　約数の割り算と商・余り（2 時間）
　第 2 節　ユークリッドの互除法（5 時間）
　第 3 節　整数の性質の活用（4 時間）

授業の流れ（第1節第1次第1時　約数と倍数）

| 生徒の活動 | 教師の支援 |
|---|---|
| 1　問題14と15についてグループで自分の意見を他の生徒に説明。 | |
| 2　出席番号を用いて1～40で実験を行う。起立が「表」で着席を「裏」に対応させる。<br>　カードの気持ちになって教師が1～40まで順に読み上げたときに，約数が読み上げられたら，起立か着席のアクションを行う。 | 起立している生徒の出席番号から規則性を見つける。 |
| 3　問題15をグループで考える。 | |
| 4　出席番号を用いて1～40で実験を行う。<br>　自分の出席番号から足しはじめて90になる場合があるかどうか考える。 | 自分の出席番号から足しはじめて90になる場合の生徒に起立してもらい，規則性を考える。<br>ここでチャイムが鳴り次時へ続く。 |
| ───次時の授業───<br>1　90を素因数分解し平均値と項数に分けて実験する。<br>　項数が偶数個でも成り立つ理由を考える。負の数も含めた和になっていることを考える。 | ───次時の授業───<br>問題14とのつながりを考えるよう指示する。90を2つの数の積に分けたとき片方が平均値で他方が連続する数を表すというヒントを与える。 |

授業プリント

問題14（予習）

　１から200までの整数を表に書いたカードが並べられている。このカードにすべて裏の状態から始めて次の200個の操作をする。

　　操作１　　１の倍数のカードをすべてひっくり返す

　　操作２　　２の倍数のカードをすべてひっくり返す

　　　　⋮

　　操作200　200の倍数のカードをすべてひっくり返す

　操作が終了したとき，表向きになっているカードは何枚あるか。

問題15（予習）

　90を連続する自然数の和で表す方法は何通りあるか。

（※連続する自然数には１つだけの場合も含む）

授業プリント（解答）

問題14（予習）

　すべてのカードは，そのカードの約数の個数と同じ回数ひっくり返される。

　よって，ひっくり返した回数が奇数回となれば表向きになるので，約数が奇数個のものを考えればよい。つまり平方数が奇数個の約数を持つので，１〜200までの整数のうち平方数は，$1^2$，$2^2$，$3^2$，…，$14^2$である。したがって答えは14枚である。

問題15（予習）

　90が $n$ 個の連続する整数の和であるとき，$n$ 個の項の平均は整数であり，なおかつ90の約数でもある。

$n$ が奇数の場合を考える。

$90 = 2 \times 3^2 \times 5$ であるから $n$ は $3^2 \times 5$ の約数である。

つまり $n = 1$，3，5，9，15，45 の6つの場合を考えれば良い。

それぞれの場合の項の中央の数（$n$ 個の項の平均）は 90，30，18，10，6，2 であるから

$n = 1$ のとき　90

$n = 3$ のとき　$29 + 30 + 31$

$n = 5$ のとき　$16 + 17 + 18 + 19 + 20$

$n = 9$ のとき　$6 + 7 + 8 + \cdots + 13 + 14$

$n = 15$ のとき　$-1 + 0 + 1 + 2 + \cdots + 12 + 13$

$n = 45$ のとき　$-20 - 19 - 18 - \cdots + 0 + 1 + 2 + \cdots + 20 + 21 + 22 + 23 + 24$

ここで $n = 15$ と 45 は＿＿＿の和が0になるので

それぞれ $2 + 3 + \cdots + 13$ と $21 + 22 + 23 + 24$ と偶数個の連続整数の和に直すことができる。

逆に $n$ が偶数，つまり項の数が偶数個で和が90となる連続した自然数の組は＿＿＿のようなものをくっつけることにより項の数が奇数である連続整数の和に置き換えることができる。

よって項の数が偶数個の連続自然数の組と項の数が奇数個で負の数を含む連続整数の組は1対1に対応する。よってそれぞれの組数は等しい。

以上から90を連続する自然数の和で表す方法は90の約数のうち奇数の個数に等しいので6通りである。

## ⑵分析
　欲求の充足を通して数学好きにする

　本章の以下３つの授業の分析と考察については，数学教育における感情とモチベーションに関する研究を整理したSchukajlow et al.（2023）に基づいて行うこととします。

## 授業の分析と考察

　ここでは，アメリカの心理学者であるエドワード・デシ（Edward L. Deci）とリチャード・ライアン（Richard M. Ryan）が提唱したモチベーションに関する理論である，自己決定理論の立場から授業を分析してみます。自己決定理論においては，「自律性」「有能感」「社会的関係性」の３つの心理的欲求を，生徒が環境と相互作用した結果として満たされる基礎的欲求としています（溝上，2018）。自律性とは自己から派生した，あるいは自己に裏づけられた行動をしたいという心理的欲求です。有能感とは，自身の力によって内的・外的環境と効果的にやりとりしたいという心理的欲求です。社会的関係性とは，他者や集団との緊密な関係を確立したいという心理的欲求です。基本的欲求の充足は，生徒の数学学習に対する感情やモチベーションを向上させ，学習成果と正の相関があることが様々な研究で示されています。
　それでは授業を見ていきましょう。まず，生徒は問題14と15を予習段階では正答できていませんでしたが，問題14については，「素数の出席番号の生徒はラッキーと言っていました。ここで初めて生徒にとって考える対象が変わりました。倍数を考えるのではなく，約数を考えるようになったのです」とあるように，実験を通して生徒自らが解決のためのツボに気づくことができています。そして，教師の発問なしに，平方数は約数の個数が奇数個になることにたどり着いています。問題15についても，「ヒントを与えず見守っていると１つのグループが $-1+0+1=0$ で打ち消すことに気づき全体に発表してくれました」とあるように，生徒自らが解決のためのツボに気づくこ

とができ，解決に到っています。このように，自分自身の力で問題解決のツボに気づき，解決に到ったことは，自律性の充足や有能感の実感につながると考えられます。また，クラス全員での実験では，一人ひとりに役割が与えられており，全員がそれを全うすることで規則性に気づくことができています。これは，社会的関連性の充足につながると考えられます。以上より，この授業は，生徒の基本的欲求を満たすものであり，生徒の数学授業・数学学習に対する感情やモチベーションを向上させる授業であったと考えられます。

## 授業デザインへの示唆

　この授業からは，基本的欲求を充足させることの有効性が示唆されます。教育においては，自律性の欲求は，例えば，生徒が外的な圧力を受けずに，個人的な目標に従って自分で意思決定し，自分の行動を選択できるときに満たされます。本書ですでに紹介させていただいた，主体的な学習が実現する状況は，教師があたかも不在であったり，問題が自分事となっていたりしている状況です。このような状況では，生徒があたかも自分で目標を設定し，意思決定したり行動を選択したりすることが期待されます。有能感は，知識の習得を実感し，向上させる機会があるときに満たされます。知識の習得を実感させるためには，その知識を習得する前の自分との対比を促す振り返りが効果的であると考えられます。さらにその振り返りから新たな問題の発見を促すことで，統合的・発展的に考察することを促し，知識を向上させる機会を設定することが期待できます。社会的関連性の欲求は，生徒が自分の居場所を感じ，他者とつながっているときに満たされます。この欲求を満たすためには，生徒同士や生徒と教師の関係性が良好であって，同時に生徒がこのことを認識できるような教室・学校を構築していくことが効果的です。

## ⑶中学　２年　数学的活動

数学的活動の事例

「中学校生活というあいまいなものを数字で伝えるとどうなるかを検討する。」

## 「算数・数学って言葉なんだよ」って伝えたい授業

　私はよく「なんで数学って勉強せなあかんの？」や「物買うときの計算ができればそれでええやん」と言われたことがあります。数学を学ぶ楽しさや役に立つことを伝えてきたつもりでしたが，やっぱり学習者からすると，学んだことが誰かの役に立ったという経験をしないと体感できないことだよなと痛感したことを覚えています。ここではそんな子どもたちに数学ってまんざらでもないって思えるように取り組んだ実践をご紹介します。数学のPBLとして私が初めて実施した取組でもあります。

## 数字で伝える！　中学校生活30秒ムービー作成プロジェクト

　中学２年生にパイセン（先輩）として新入生となる小学６年生に小学校と中学校の生活の違いを数字で伝えるというミッションを提示しました。

---

課題：小学６年生に中学校の生活を伝えよう
　　　「数字で伝える！　中学校生活」30秒ムービーの作成
目的：①小学６年生が学校見学に来た際に学校紹介のムービーを観てもらい，少しでも中学校生活での疑問や不安を解消するため
　　　②数や図，グラフ，表，式などを用い，客観的な資料を基にして違いを伝える力を身につける

---

　自分たちが入学するときに思っていた疑問や，通ってみてわかったことなどを振り返りながら小学６年生にとって有益な情報について考えます。兄弟がいる生徒は弟や妹，またその友達に実際にリサーチする姿も見られました。

「シャーペン，何本持っていけばいいか実は悩んでたんだよね」といった素朴な疑問から，「好きな子と隣の席になる確率が知りたい！」，「ランドセルよりカバンが重たくなったのは衝撃だった……」，「私たちの小学校は通学時間がだいぶ増えてきたかな」など発信し

| 内容 |
| --- |
| ■学校からの距離 |
| ■友達の増え方　■部活に入ってよかったかの満足度 |
| ■カバンの重さ　■校舎の大きさ |
| ■好きな人と同じクラスになり，さらに隣の席になる確率 |
| ■同じ小学校の子と同じクラスになる確率 |
| ■シャープペンの数　■グラウンドの面積 |
| ■バックの内容量 |
| ■好きな人ができた調査 |
| ■HP の利用時間 |
| 塾行ってる率（塾関係） |
| 部活関係 |
| 制服の利点・悪い点・値段 |

たいことがどんどん出てきました。12のグループに編成し，自分たちが伝えたいテーマを考えはじめました。ただし，言葉だけで伝えるのではなく，数学を使ってより伝わりやすいことを体感してもらうことが授業者としての目標だったので，それぞれ可視化するフリップを作成して発信してもらうことにしました。伝え方はデータの活用や確率が多かったですが，運動場の大きさを比較するグループは，面積の違いを表現する際に平方根や相似比の内容にふれていたりと，領域を横断する場面も見られました。

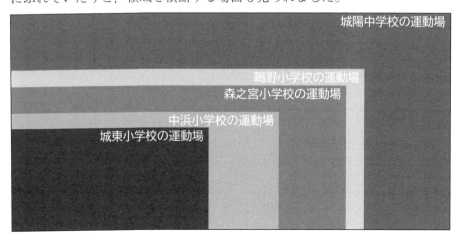

城陽中学校の運動場

鴫野小学校の運動場

森之宮小学校の運動場

中浜小学校の運動場

城東小学校の運動場

| 学習段階 | 学習活動 | 評価 | | ICT活用 |
| | | 評価基準 | 評価手法 | |
|---|---|---|---|---|
| 導　　入<br>課 題 設 定<br>1月25日（水） | ⓪まとめテスト（20分）<br>①課題の提示（10分）<br>発問：『中学校生活の魅力や違いを伝えることができるのか』<br>②班編成（5分） | | | タブレット端末 |
| 展　開　1<br>（　調　べ　）<br>2月1日（水） | ① contents の立案（15分）<br>発問『小学6年生が知りたい中学校生活とは何だろうか』～ブレインストーミング～ | ルーブリックに記載 | 自己評価シート<br>ルーブリック | タブレット端末<br>SKYMENU |
| 展　開　2<br>（　調　べ　）<br>2月8日（水） | 発問『数学的な表現を基にした資料とはなんだろうか』<br>② TV，CM に学ぶ　～参考資料の活用～<br>③用紙を使って内容の企画<br>小学生がどんな内容・違いを知りたいかを意識して検討した映像の構成をする。 | ルーブリックに記載 | 自己評価シート<br>ルーブリック | タブレット端末<br>NHK for school |
| 展　開　3<br>（検討・作成）<br>2月15日（水） | 発問『客観的な資料を通じて，有意義な情報を提供できているか？』<br>学級内相互評価を行い，撮影した映像や写真を，伝える相手を意識して編集し，映像を完成させる。 | ルーブリックに記載 | 自己評価シート<br>ルーブリック | タブレット端末<br>NHK for school |
| 展　開　4<br>（作成・提出）<br>2月22日（水） | 城陽ガイダンス発表<br>発問『客観的な資料を通じて，有意義な情報を提供できているか？』<br>数学的な表現でこだわったところや，表現する中で学んだこととのつながりをまとめる。 | ルーブリックに記載 | 自己評価シート<br>ルーブリック | タブレット端末 |
| 展　開　5<br>（振り返り・評価）<br>2月24日（金）<br>3月15日（水） | 発問『数学的な表現を自分の考えを伝える有効な手立てとできていたか』<br>数学的な表現の効果や意味について振り返り，改善策について考察し，取り組み全体の振り返りを行う。 | ルーブリックに記載 | 自己評価シート<br>ルーブリック | タブレット端末 |

　また，子どもたちの声からも数学をどう使えばよいのかについて向き合う場面がたくさん見えてきました。

---

S：小学生が知りたいことって何かな？

S：俺らのときは何知りたかったっけ？　部活？

S：イケメンの数とか知りたい（笑）

S：イケメンってどうやって決めるの？　感覚は数値化できひんくない？

---

S：アンケート取ればいいやん！
S：全員の意見とってもイケメンかどうかわからへんで。感覚やん。
S：質問もどうすればいいんやろ……？？

など，「感覚を可視化するには？」といった統計をとる上での前提から考える場面なども見取ることができました。

## 活用の場面を整えて，信じて待つ

　「数字で伝える」という制限をつけることで半強制的ではありましたが，数学のスキルの活用場面を必要とする環境となりました。このプロジェクトの評価についてはルーブリックを使い，小学生のアンケート結果と私のフィードバックを添えて返しました。生徒たちもフリップを使ったほうが見てわかるから伝えやすいと，表やグラフにまとめることの良さに気づける時間にもなりました。つくった動画は実際に，小学生の訪問ガイダンスのときに上映しましたが，今までにない取組で中学校の授業の形や内容にも興味を持ってもらえる結果となりました。

　算数で解決する班もありましたが，「日常の複雑な条件を簡素化し数学的にモデル化する」という既知に帰着する営みの場面を設計できたと捉えています。私たち教員が行う評価は入試に向けた総括的な評価を行うことも大切ですが，教科の力を身につけ，それを活用して問題解決をあきらめない姿へ導く形成的な評価もまた大切なことだと思います。数学を「思いを伝えるツール」として大人になっても役立ててほしいと心から願います。

# 4. しかけ9

# 独りよがりの授業を変える
〔とにかくおもしろい教材〕

## (1)高校　数学Ⅲ　式と曲線

生徒のモチベーションを上げる事例

「リサージュ曲線を手でかく過程で他者と意見交換を行いより良い考えに到る。」

### この授業の概要

　コンピュータの利用の単元ですが，あえて手で書くならどうなるか考えてもらいました。問題16では $x$ と $y$ の関係式を頑張って導いた生徒がいました。$t$ に具体的な値を入れて予想する生徒もいました。$x$ と $y$ の動きを個別に考えてごらんという発問をしました。多くの生徒が以下のことに気づきました。

> $x$ の動きだけ注目すると0からスタートして→←→で0に戻る。
>
> $y$ の動きだけ注目すると0からスタートして↑↓↑↓↑で0に戻る。

　印象的だったのはAくんBくんの2人の生徒が協力して図形をノートにかいてくれたことです。Aくんはペンを持って $x$ の動きを行い，BくんはAくんの腕を持って $y$ の動きを行い，いびつではあるものの，リサージュ曲線を描いていました。日頃からペアワークやグループワークを取り入れている効果があったなと感じました。

　また，「有岡なら何を聞くと思いますか？」という発問では，人間関係が成り立っているからこそ大いに盛り上がりました。私自身思いつかないようなものがたくさんありました。日頃から「なぜ？」を投げかける授業を意識して行っているから，生徒自身も自分から「なぜ？」をこんなに見つけてくれたのだと感動しました（【3-3】参照）。

「$z = \cos\theta$ の条件を加えた曲線の形」は誰も予想してくれませんでしたが，多くの生徒が概形を予想できていました。インターネットで調べて全員グラフの概形を理解できました。

　媒介変数の増減表を書くのは生徒にとって初めてなので2種類紹介しました。まずは増減表その1の書き方と読み取り方を黒板で説明しました。続いて増減表その2の書き方と読み取り方の説明を動画で紹介しました。黒板の端にスクリーンを設置し，そこにプロジェクターで動画を投影しました。動画内で説明しているのは私です。

　この後の説明で混乱しないように，授業中に実際授業を行っている人物を有岡1とし，動画内で説明している人物を有岡2とします。有岡2が動画内で説明を終えると，増減表その1より増減表その2がいかに優れているか説明します。それを受けて今度は有岡1が増減表2より増減表1がいかに優れているかを説明します。お互いがそれぞれの増減表の優れている点を1つずつ交互に説明していきました。

　動画の後に，この問題を自分で解く場合どちらの増減表を書くのかについて生徒同士で意見交換を行いました。「増減表その1のほうが増減表を書きやすい」という意見に対し，「増減表その2は増減表その1に比べて増減表を書きにくいかもしれないが，グラフを書くときはわかりやすい」と主張しました。それに対して「グラフはコンピュータで書けば良い。折り返しの座標を確認する程度なら増減表その1で十分」といった白熱した議論も行われ，相手の意見を聞くことで，自分なりに最善の判断をすることができました。

　振り返りでは多くの生徒が面白いと感じてくれたようです（【3-4】参照）。準備に時間がかかりましたが充実した授業でした。なお，$z = \tan\theta$ のグラフを描いてくれた生徒がいたので紹介します。私のいないところで学びが進んでいました（【3-5】参照）。

## 単元計画

数学Ⅲ

第２章　式と曲線（単元指導計画全28時）

　第１節　２次曲線（14時間）

　第２節　媒介変数表示と極座標（14時間）

　　第１次　曲線の媒介変数表示（６時間）

　　第２次　極座標と極方程式（６時間）

　　第３次　コンピュータの利用（２時間）

　　　第１時　媒介変数表示される曲線の描画

　　　第２時　極方程式で表される曲線の描画

## 授業の流れ（第２節第３次第１時　媒介変数表示される曲線の描画）

| 生徒の活動 | 教師の支援 |
|---|---|
| 1　問題16を考える。<br>　個人で考え，近くの生徒同士で相談する。 | $x$ の動きと $y$ の動きをそれぞれ確認しリサージュ曲線を描く。<br>次に「有岡なら何を聞くと思いますか？」という問いを考え，それぞれの生徒が Jamboard を用いて自分の考えを書き込んでいく。 |
| 2　有岡の発問「$z = \cos\theta$ の条件を加えた曲線の形」を考える。 | |
| 3　近くの生徒同士で相談して，グラフの形を互いに伝える。 | |

| | |
|---|---|
| 4 インターネットで調べてグラフの形を確認する。 | |
| 5 問題16のグラフの概形を計算によって導く。<br>増減表その1（表1）の作成の過程の説明を聞く。 | |
| 6 増減表その1からグラフの概形がかけることを理解する。 | |
| 7 増減表その2を理解する。 | |
| 8 2種類の増減表を比較し，それぞれのメリットとデメリットを考える。 | 増減表その2のメリットを伝える動画を事前に撮影しておき，その動画を流す。授業者と動画に登場するもう一人の授業者の掛け合いを生徒に見せ，それぞれのメリットを伝える。 |
| 9 振り返りとして「授業でわかったこと，できるようになったこと」について，80字程度で書く。 | |

授業プリント

> **問題16**
>
> 曲線 $x = \sin\theta,\ y = \sin 2\theta$ の概形をかけ。ただし $0 \leqq \theta < 2\pi$ とする。

〈表１：増減表その１〉

| $\theta$ | $0$ | $\cdots$ | $\frac{\pi}{4}$ | $\cdots$ | $\frac{\pi}{2}$ | $\cdots$ | $\frac{3}{4}\pi$ | $\cdots$ | $\frac{5}{4}\pi$ | $\cdots$ | $\frac{3}{2}\pi$ | $\cdots$ | $\frac{7}{4}\pi$ | $\cdots$ | $2\pi$ |
|---|---|---|---|---|---|---|---|---|---|---|---|---|---|---|---|
| $\frac{dx}{d\theta}$ | $+$ | $+$ | $+$ | $+$ | $0$ | $-$ | $-$ | $-$ | $-$ | $-$ | $0$ | $+$ | $+$ | $+$ | $+$ |
| $x$ | $0$ | $\to$ | $\frac{1}{\sqrt{2}}$ | $\to$ | $1$ | $\leftarrow$ | $\frac{1}{\sqrt{2}}$ | $\leftarrow$ | $-\frac{1}{\sqrt{2}}$ | $\leftarrow$ | $-1$ | $\to$ | $-\frac{1}{\sqrt{2}}$ | $\to$ | $0$ |
| $\frac{dy}{d\theta}$ | $+$ | $+$ | $0$ | $-$ | $-$ | $-$ | $0$ | $+$ | $0$ | $-$ | $-$ | $-$ | $0$ | $+$ | $+$ |
| $y$ | $0$ | $\uparrow$ | $1$ | $\downarrow$ | $0$ | $\downarrow$ | $-1$ | $\uparrow$ | $1$ | $\downarrow$ | $0$ | $\downarrow$ | $-1$ | $\uparrow$ | $0$ |

〈表２：増減表その２〉

| $\theta$ | $0$ | $\cdots$ | $\frac{\pi}{4}$ | $\cdots$ | $\frac{\pi}{2}$ | $\cdots$ | $\frac{3}{4}\pi$ | $\cdots$ | $\frac{5}{4}\pi$ | $\cdots$ | $\frac{3}{2}\pi$ | $\cdots$ | $\frac{7}{4}\pi$ | $\cdots$ | $2\pi$ |
|---|---|---|---|---|---|---|---|---|---|---|---|---|---|---|---|
| $\frac{dx}{d\theta}$ | $+$ | $+$ | $+$ | $+$ | $0$ | $-$ | $-$ | $-$ | $-$ | $-$ | $0$ | $+$ | $+$ | $+$ | $+$ |
| $\frac{dy}{d\theta}$ | $+$ | $+$ | $0$ | $-$ | $-$ | $-$ | $0$ | $+$ | $0$ | $-$ | $-$ | $-$ | $0$ | $+$ | $+$ |
| $\left(\frac{dx}{d\theta},\ \frac{dy}{d\theta}\right)$ | $\nearrow$ | $\nearrow$ | $\to$ | $\searrow$ | $\downarrow$ | $\swarrow$ | $\leftarrow$ | $\nwarrow$ | $\leftarrow$ | $\swarrow$ | $\downarrow$ | $\searrow$ | $\to$ | $\nearrow$ | $\nearrow$ |
| $(x,\ y)$ | $(0,\ 0)$ | | $\left(\frac{1}{\sqrt{2}},\ 1\right)$ | | $(1,\ 0)$ | | $\left(-\frac{1}{\sqrt{2}},\ -1\right)$ | | $\left(-\frac{1}{\sqrt{2}},\ 1\right)$ | | $(-1,\ 0)$ | | $\left(-\frac{1}{\sqrt{2}},\ 1\right)$ | | $(0,\ 0)$ |

【3−3：「有岡なら何を聞くと思いますか？」の生徒予想】

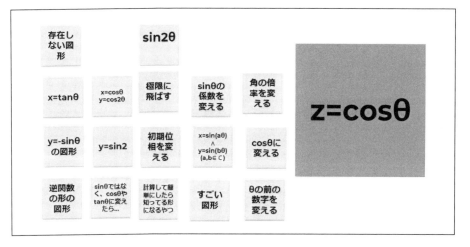

【3−4：生徒の振り返り（抜粋）】

　授業でわかったこと，できるようになったことについて，80字程度で書きましょう。①必ず2文節で入力すること。②文節は接続詞を使って結ぶこと。
◆順接（したがって，ゆえに，だから）　◆逆説（しかし，だが，ところが）　◆並列（また，ならびに，かつ）　◆対比（一方）　◆換言（つまり，すなわち）　◆理由説明（なぜなら）

・今回の授業でわかったことは，複雑なグラフを描くときに代入して求めるのではなく，微分して増減表を用いると早く描くことができるということです。そして，増減表を書く時に$x, y$の値をそれぞれ書くのではなく$(x, y)$という形にすればよりわかりやすくなることを知りました。
・リサージュ曲線は一見よく見る形だが，媒介変数で見たことによって，その図形の本質を理解できた。また，それを増減表で表すことで身近

に感じることができて良かったです。

・今までの知識を利用して今ある疑問を解こうと主体的な行動ができた。また，話し合いの際に役割を決めることでより多くの情報を集められた問題解決に努めることができた。

・問題文をパッと見てよくわからなくても，グラフを書いてみたり，二乗してみるなどしてみたことある形に落とし込むことができるようになった。なぜなら，先生が授業中に言ったことをメモして，解くときに使えるようになったからです。

・三次元の曲線を式からイメージし，増減表で表されたものを理解することができた。また，数学って楽しいなぁと感じることができ，数学に対する興味関心が向上した。

・自分の好きな分野（物理やプログラミング）との関連を授業を通して学ぶことができた。また，それら自分が好きなことを極めるためには数学を完璧にする必要があるということがわかった

・媒介変数表示の増減表の書き方がわかった。増減表がベクトルと関連していて楽しかった。ならびに，有岡先生の劇が良かったです。また，面白かったです。

・穴の空いた砂袋を天井から吊り下げて，砂袋を動かして $x=\sin\theta$ $y=\sin 2\theta$ の図形を描く動画を見た。中にはいっている砂の量が変わるので同じ形をずっと描かないということがわかった。また，リサージュ曲線がどんな図形を描くものなのかわかった。

・与えられた表や式も工夫やすることでわかりやすくなったり，簡単にできたりすることがわかった。すなわち，授業で習ったことをアレンジして自分なりに変形していくのも楽しい。

【3-5：$z=\tan\theta$ の3Dグラフ】

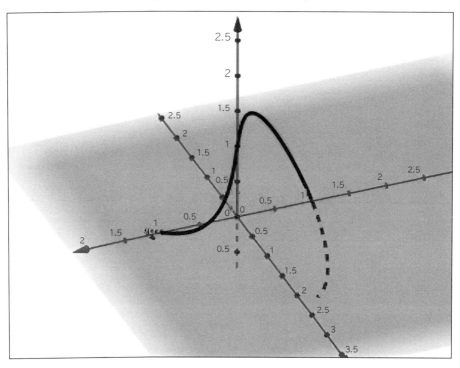

## ⑵分析

　　問題設定を通して数学好きにする


## 授業の分析と考察

　この授業で生徒の感情やモチベーションを向上させた工夫は，２つあったと考えられます。ひとつは，「有岡なら何を聞くと思いますか？」という発問です。これは，問題を設定させるための発問であると考えられます。先行研究では，問題設定は，問題解決と比較して，ポジティブな感情を高め，ネガティブな感情を減らすことが報告されています。この授業でも，「大いに盛り上がりました」とあるように，生徒のポジティブな感情が高まったと考えられます。また，「人間関係が成り立っているからこそ」という点も重要です。「学習指導の改善は教師一人一人の技術的改善ではけっしてなく，文化的台本の改善によるべきである」という主張があるように，学校教育での日常の教室における，生徒と教師による学習と指導の様式を指す「教室文化」の視点は大切です（佐々木，2014，p. 2）。技術を用いれば突然生徒のポジティブな感情が高まるわけではなく，教室文化の醸成が求められることがわかります。

　もうひとつは，動画の活用です。先行研究では，テクノロジーの活用が数学学習に対するモチベーションを高めることが報告されています。この授業でも，媒介変数表示の増減表の書き方を紹介した動画について，生徒が面白かったと振り返っています。また，内容も理解できたと振り返っています。

## 授業デザインへの示唆

　この授業からは，問題設定の有効性が示唆されます。

　そこで，ここでは問題設定方略の一つである，What-If-Not 方略を紹介します。

第０水準：出発点を選ぶこと
第Ⅰ水準：属性を挙げること
第Ⅱ水準：What-If-Not を問うこと
第Ⅲ水準：問いをもち，問題を設定すること
第Ⅳ水準：問題を分析すること

　第０水準では，所与の事柄の中から挑戦の対象を決めます。例えば，「123，234，345のように，百の位の数，十の位の数，一の位の数が１ずつ増えている３桁の数に198をたすと，どんな数になるのかな？」という問題を出発点とします。第Ⅰ水準では，所与の事柄について可能な解釈を与え，それがどのようなものであると言い表すことができるかを列挙します。先ほどの出発点を例にすれば，「１ずつ増える」や「３桁」を挙げます。第Ⅱ水準では，挙げた属性の中から１つを選び，「もしその属性でなかったらどうなるか？」を問います。先の例であれば，「１ずつ増える」に対して「１ずつ増えなかったら？」と問うたり，「３桁」に対して「３桁でなかったら？」と問うたりします。第Ⅲ水準では，What-If-Not を問うた属性に対し，その代替属性（alternative）を挙げ，その代替属性について問題を設定します。先の例であれば，「ある３桁」などの代替属性を挙げ，それについて「いくつ足せば百の位の数と一の位の数が入れかわるのか？」という問いをもち，「３桁の数にいくつ足すと，百の位の数と一の位の数が入れかわるのか？」という問題を設定します。第Ⅳ水準では，出発点の命題の証明を活用して，設定した問題を解決したり，その解決を基に，出発点の命題を捉え直したりします。先の例であれば，設定した問題を「もとの数の ¦(一の位の数) − (百の位の数)¦×99」と解決した後，出発点の問題の「198」を「もとの数の ¦(一の位の数) − (百の位の数)¦×99」と捉え直すことです。

　生徒にとって，自分たちで問題を設定したり，設定した問題を解いたりすることは楽しいと思いますので，ぜひとも実践してみてください。

## ⑶中学　1年　平面図形・空間図形

探究的な学習の事例

「プロジェクト型学習と数学をつなぐために必要なこと」

## プロジェクト型学習とパフォーマンス課題について

　ここまでの中学校の事例の中で，プロジェクト型学習やパフォーマンス課題と呼ばれる学習形態についてふれてきました。教科単位だとなかなか聞きなれない言葉となるかもしれませんので，このシーンではプロジェクト型学習とパフォーマンス課題の全体像についてご紹介したいと思います。この視点が加わってくると，独りよがりの授業から一変，一人だと何一つ進まない授業に早変わりします（それはそれで困った悩みになりますが）。教材と捉えるよりかは少し広がりがある概念ですがその分，どの教科や取組にも取り入れやすいものでもありますので，ぜひ，知ってほしいと思っています。

## 教科横断しがちなプロジェクト型学習について

　プロジェクト型学習とは PBL（Problem-Based-Learning）といわれ，アメリカの教育学者のジョン・デューイによって提唱された学習理論です。元々ある問題を解決したり，問題を発見することからスタートしたりと形は様々ですが，暗記型の学習法ではなく，答えが1つではない課題や問題に仮説を立て，調査・実証を中長期的に取り組んでいく中で，知識技能，活用場面などを習得する学習方法をいいます。

　学校では SBL（Subject-Based-Learning）と呼ばれる「教科ごとに分けて基礎から応用へと順次学んでいく」学習法が主流ですが，これだけだとしばしば教科の知識技能を習得することが目的となってしまい，学習する目的が不明確になってしまう場合があります。適切なバランスでプロジェクト型学習を組み込んでいくことで，学習する目的や知識技能を活用する場面を学ぶことができ，学習者が身につけた力をどう発揮すればよいか見通しを持つこ

とができるようになります。

　プロジェクトを進めると悲しいことに $2x = 8$ の解のような唯一解で解決できるケースばかりではありません。仮にそれで最適解を求めたとしてもそれが納得解とは限らないわけですから，調整力や周りを巻き込む力，合意形成の仕方，人との関わり方や伝え方，マネジメントの仕方などが学習場面の中にたくさん必要性を帯びてきます。

　他にも単元や教科を横断した知識を組み合わせて課題解決を図ったり，A or B の構図から新たに C を見出したり，情報を整理して比較や吟味をしたりと，いわゆる「資質・能力」の育成にも効果があります。一問一答で身につく知識とは異なり，生活や社会貢献で必要な「生きた知」として昇華させることができることにプロジェクト型学習を実施する大きなメリットがあると言えるでしょう。また，「探究やプロジェクト学習を実施している学校はペーパーテストの結果も上がる」と言われることがありますが，自己管理や時間管理ができ，粘り強く目的に向かって取り組む力を育むわけですから，自己と向き合い，高める力といった「非認知能力」の育成にも高い効果があり，その結果ペーパーテストで図ることができる認知能力にも良い影響を及ぼしているのでしょう。

　このように大きなメリットがあるプロジェクト型学習ですが，扱う上で少し注意が必要です。それはプロジェクト型学習は「教科の活用を前提としない」ということです。例えば「この問いの中できっと関数分野の反比例の知識を活用するはずだ」と想定していても，「データ活用の知識を活用した」といったケースが起こりうるということです。こうなると単元の力を評価しようとする教科学習では評価できないというジレンマに陥ってしまうことになります。プロジェクト型学習を 1 つの教科だけで実施すると「単元や教科の枠を越えてしまう可能性がある」という大きなデメリットがあります。

## 教科で評価しやすい，パフォーマンス課題について

　一方，パフォーマンス課題という評価方法があります。それは教科の活用

を前提としたストーリーの中で，作成された成果物を評価するというもので
す。こちらは教科の活用を前提としているので確実に教科のルーブリックに
当てはめて評価できるメリットがあります。しかし教科の活用場面から逆算
しているので，他者意識や目的意識があったとしても子どもたちにとってリ
アルでないことが多く，当事者意識を生みづらい一面を持っています。

　どちらも非認知能力を育みやすいデザインであり，教科のスキルを活用し
て問題解決する一面があります。よく似ているのですが，「特定の教科の活
用を目的としたパフォーマンス課題」と「教科は解決の手段の一つであるプ
ロジェクト型学習」には根本的な違いがあります。それぞれにメリット・デ
メリットがあるので，生徒にどんな力を身につけさせたいのか，そのために
教科としてどのように関わるかを整理する必要があることを知っておきまし
ょう。

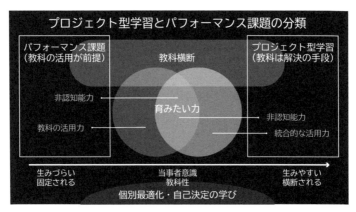

　さて，それでは具体的に数学の教科の中でどのようにプロジェクト型学習
を進めていくのかについてご紹介します。まず，大前提として，プロジェク
ト型学習で学ぶ力を整理しておく必要があり，授業の評価内容として記載し
ておくことが大切です。大阪市立新巽中学校ではしんたつ11のスキルとして
主体的に学習に取り組む態度を非認知能力を含む資質・能力で大別し，学習
の場面の中で特に評価したい項目を採用するシステムを導入しています。

また，文部科学省が提示している資料のように「感性，思いやり」の次元ではなく行動指標として見取りをできるようにしておくことがポイントです。ギミックブラッシュアップシートや学校教育目標を整理しておくと学習者の行動の姿と求める理想の姿がリンクするでしょうし，生徒たちもどんな力を意識すればよいのか明確になってくるといえるでしょう。

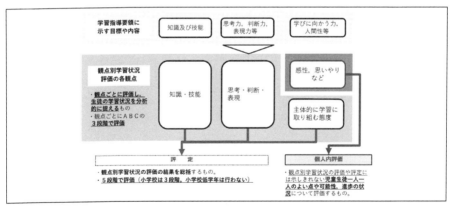

＊新高等学校学習指導要領と学習評価の改善について

　ここまでを前提とした上で，プロジェクト型学習を計画する際に大切にしてきた2つの考え方を共有します。

## 単元や領域を横断することを恐れない

　前述したように，プロジェクト型学習において教科のスキルや活用は問題解決の手段であって目的ではありません。そのため単元の評価に固執しないほうがよいプロジェクトができるのではないかと思います。そうなるともちろん単元や領域は横断しますし，小学校の知識で解決するものもあれば高校の内容にふれるものまで出てきます。一見，評価がしづらい授業と見えるかもしれませんが，それ以上に数学を手段として活用し出す子どもたちの姿を見ることができます。誰かのために数字や数学的表現を使い問題解決する。そんな生徒に近づけるために数学の授業があるのであれば，一度チャレンジする価値はあると私は思っています。

## 大きなプロジェクトの補完となるような問いを立てる

　先にお伝えした「美しいカタチ」プロジェクトについて，他の教科の視点からも少し補足させてください。数学の教科としてのアプローチは前述した通り，「美しいカタチとはなんだろう？」という問いをずっと持ちながら学習を進めていきました。しかし，これには全体の大きなプロジェクトの一つのコマにすぎないという設計をしていたこともきちんと伝えておきます。

　これは数学の授業から発信をしましたが，授業はもちろんながら校外学習もするし，学習発表会も企画しました。他教科にも「美しい」をキーワードに授業をしてもらいました。また学校行事の際にはことあるごとに美しいカタチを意識したデザインを考えさせました。ここまでのことをやろうとすると当然ながら全体の理解や協力が必要ですし，他教科と共にどんな生徒を育てていきたいのかというビジョンも共有しなければいけません。そこには難しさもあるし，みんなとやるからこそ生まれる大変さもあります。しかし，ここに挑戦することで学校みんなでどんな生徒を育てていきたいのかをすり合わせすることができたと私は実感しています。ログシートやアセスメントシート，ギミックブラッシュアップシートを使いながら，1つの教科だけで

育むことのできない領域を教師自身が捉え直し，学校全体としての方向性を見出していく営みもまた，自身が指導する教科に返ってくると感じます。遠回りをしているようで，このような価値のすり合わせの機会をつくることが非認知能力を育む学校への一番の近道であるようにも感じます。

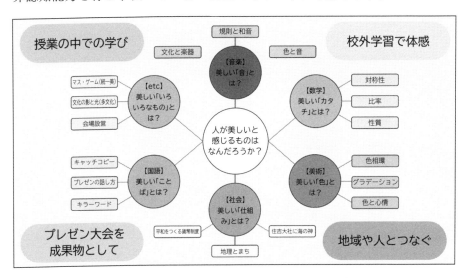

繰り返しますが，「1つの教科だけでやることには限界はある」ということです。これはすべての教科にいえることで，裏を返せば「すべての教科で統一した問いを持つことで学習効果は高まりを増す」ということができるということです。教室の枠から飛び出して，更なる関わりの中で取り組むことで新しい可能性が見出されることでしょう。非認知能力という育みたい資質・能力は全教員が共通で持っているのですから。

プロジェクト型学習やパフォーマンス課題も併用して非認知能力が高まる実践に一人でも多くの人がチャレンジすることを願っています。

# 5. しかけ10

# ぶつ切りの授業を変える
〔習ったことがつながる教材〕

## ⑴高校　数学B　平面上のベクトル

既習内容と新しい内容とをつなげられるような教材（ベクトル）の事例

「とりあえず答えは出たけど，その答えは何を意味するのかちゃんと考えてみよう。」

### この授業の概要

　ベクトルの単元で後半の媒介変数表示を学習したときに扱った内容です。問題17は $|\vec{a}|$，$|\vec{b}|$，$\vec{a}\cdot\vec{b}$ の値がわかるので $|\vec{a}+t\vec{b}|$ を 2 乗して代入することで $t$ の 2 次関数になります。その 2 次関数を平方完成すると，直線 $y=5(t+1)^2+5$ となり求める値は $t=-1$ で $\sqrt{5}$ とわかります（$\vec{a}+t\vec{b}$ を成分表示して考えても同様です）。

　しかしこれではベクトルの問題ですが，計算だけで解けてしまいます。答えを出すだけならそれで構いませんが，せっかく $\vec{a}+t\vec{b}$ が直線を表すことを学習したので，座標平面上に表示させることで図形的な意味を考えてもらいました。

　ここでは $\vec{b}$ が方向ベクトルであり（3，1）を通る傾き 2 の直線を表します。点 P の位置ベクトルを $\vec{p}$ とし，$\vec{p}=\vec{a}+t\vec{b}$ とすると点 P は（3，1）を通る傾き 2 の直線，つまり，直線 $y=2x-5$ 上に存在することがわかります。$|\vec{a}+t\vec{b}|$ の最小値は線分 OP の最小値と読み取ることができるので，原点と直線 $y=2x-5$ の距離（最短距離）を求めていたことになります。

　図示した生徒の多くが直線 $y=2x-5$ と最小値の $\sqrt{5}$ という情報からこの結論にたどり着いていました。教師からのヒントなしに図形と方程式の分野とつなげて考えることができていました。

　また，なす角 $\theta$ も内積を利用してコサインの値から求めている生徒がほ

とんどでしたが，図形で考えると自明であることに気づいてくれました。

　問題17を図示した後に「角度ってどうやって求める？」というざっくりした発問に対して「内積を使う」，「タンジェントの加法定理」，「図示する」等の意見が出てきました。このことから「ベクトルの問題→図示か計算」という考えから「図形を考察する→図示，方程式，…，ベクトル」というような，ツールとしてのベクトルが加わったと感じました。ぶつ切りで学んできた内容が生徒の中でつながったように感じました。

　問題18は成分で与えられていないため，座標平面上に図示できないので，生徒は困っていましたが，$\vec{a}$と$\vec{b}$とのなす角を求めるよう指示を出すとあるグループが図示して垂線をとり三平方の定理から最小値を求めることができました。

　考え方を全体で共有し，授業は終わりました。

　計算で答えを求めればそれまでですが，あえて図示することで今までの数学の知識とのつながりをつくることができた教材でした。

## 単元計画

数学B
第1章　平面上のベクトル（単元指導計画全19時）
　第1節　ベクトルとその演算（10時間）
　第2節　ベクトルと平面図形（9時間）
　　第1次　位置ベクトル（2時間）
　　第2次　ベクトルの図形への応用（2時間）
　　第3次　図形のベクトルによる表示（5時間）
　　　第1時　ベクトル$\vec{d}$に平行な直線
　　　第2時　平面上の点の存在範囲（導入）
　　　第3時　平面上の点の存在範囲（応用）
　　　第4時　ベクトル$\vec{n}$に垂直な直線
　　　第5時　円のベクトル方程式

授業の流れ（第2節第3次第2時　平面上の点の存在範囲（導入））

| 生徒の活動 | 教師の支援 |
|---|---|
| 1　問題17を考える。<br>　　グループで答え合わせ。 | 計算だけで答えは出る。「図示できる？」と発問する。 |
| 2　座標平面上に $\vec{a}$, $\vec{b}$, $\vec{a}+t\vec{b}$ を図示することで，何を求めたのかを図形的に考える。 | |
| 3　問題18をグループで考える。 | $\vec{a}$ と $\vec{b}$ のなす角を考えるようヒントを出す。 |
| 4　図示して最小値を求める。 | |

授業プリント

問題17

　$t$ を実数とする。$\vec{a}=(3,\ 1)$, $\vec{b}=(1,\ 2)$ のとき $|\vec{a}+t\vec{b}|$ の最小値を求めよ。また，そのときの $\vec{a}+t\vec{b}$ と $\vec{b}$ のなす角 $\theta$ を求めよ。

問題18

　$|\vec{a}|=2$, $|\vec{b}|=1$, $\vec{a}\cdot\vec{b}=-1$ のとき $|\vec{a}+t\vec{b}|$ の最小値を求めよ。また，そのときの実数 $t$ の値を求めよ。

授業プリント（解答）

問題17

$|\vec{a}+t\vec{b}|^2=|\vec{a}|^2+2t\vec{a}\cdot\vec{b}+t^2|\vec{b}|^2$

ここで $|\vec{a}|^2=10$, $|\vec{b}|^2=5$, $\vec{a}\cdot\vec{b}=5$ であるから

$|\vec{a}+t\vec{b}|^2=5t^2+10t+10=5(t+1)^2+5$

$|\vec{a}+t\vec{b}|\geqq 0$ であるから $|\vec{a}+t\vec{b}|^2$ が最小のとき $|\vec{a}+t\vec{b}|$ も最小となる。

よって $|\vec{a}+t\vec{b}|$ は $t=-1$ で最小値 $\sqrt{5}$ をとる。

このとき $\vec{a}+t\vec{b}=(2,\ -1)$ であるから $(\vec{a}+t\vec{b})\cdot\vec{b}=0$

したがって $\theta=90°$

問題18

$|\vec{a}+t\vec{b}|^2=|\vec{a}|^2+2t\vec{a}\cdot\vec{b}+t^2|\vec{b}|^2$

ここで $|\vec{a}|^2=4$, $|\vec{b}|^2=1$, $\vec{a}\cdot\vec{b}=-1$ であるから

$|\vec{a}+t\vec{b}|^2=t^2-2t+4=(t-1)^2+4$

$|\vec{a}+t\vec{b}|\geqq 0$ であるから $|\vec{a}+t\vec{b}|^2$ が最小のとき $|\vec{a}+t\vec{b}|$ も最小となる。

よって $|\vec{a}+t\vec{b}|$ は $t=1$ で最小値 $2$ をとる。

## ⑵分析
　複数の解法や答えを考えさせて数学好きにする


## 授業の分析と考察

　この授業で生徒の感情やモチベーションを向上させた工夫は，2つあったと考えられます。ひとつは，同じ問題に対して，ベクトルを用いた解決だけではなく，図形と方程式を用いた解決も考えるように促したことです。この支援を通して，生徒は計算だけで求めていた最小値を，原点と直線の距離（最短距離）としても解決することができました。もうひとつは，「角度はどうやって求める？」という発問です。発問がオープンであったことから，生徒からは色々な解法が提案されました。

　先行研究では，同じ問題に対して複数の解法や答えを考えるよう生徒に促すことは，授業中の楽しみを増やしたり，退屈を減らしたりすることが報告されています。また，基本的欲求のうち，自律性と有能感に影響を与えたとする先行研究もあります。この授業では，生徒は複数の解決策を考えることで学習内容の関連性を見出すことができており，授業中の楽しみが増えたり，有能感が充足したりしたと考えられます。

## 授業デザインへの示唆

　この授業からは，複数の解法や答えを考えるよう生徒に促すことの有効性が示唆されます。さらに，生徒が関連していないと考えている解法や答えを関連させるように促したり，オープンな発問や問題によって解法や答えを促したりすることが効果的であると示唆されます。前者については，今回は「ベクトル」と「図形と方程式」のような単元同士でしたが，生徒が関連していないと考えていれば，例えば比例の問題を式，表，グラフで解かせたり，因数分解を式だけではなく図でも考えさせたりすることも含んでいます。生徒にとって，1つの問題を多角的に分析・考察できたことが，生徒のポジテ

ィブな感情やモチベーションの向上につながると考えます。

　後者については，今回の授業で示されていない，オープンな問題について考えます。ここでは，オープンの程度が重要になってきます。例えば，次の問題が効果的であると考えます。

---

　Aさんはスーパーに買い物に来ました。スーパーの営業時間は，9：00から20：00です。このスーパーではタイムセールを行っていて，17：00から19：00の間は鮮魚が半額，18：00から20：00の間は惣菜が半額になります。

　今，Aさんは，惣菜コーナーでからあげを，鮮魚コーナーでまぐろを，合わせて7パック買いました。合計金額は1850円でした。からあげの定価は1パック300円，まぐろの定価は1パック350円です。Aさんが買ったからあげとまぐろのパック数について，わかることを説明しよう！

---

　この問題では，問題解決のために必要な情報である，Aさんがスーパーに行った時間が明示されていません。そのためAさんがスーパーを訪れた時間を仮定して，問題解決する必要があります。実際の授業では，中学2年生が9：00から17：00まで，17：00から18：00まで，18：00から19：00まで，19：00から20：00までの4つの場合分けをして，17：00から18：00までなら「まぐろ2パック，からあげ5パック」，19：00から20：00までなら「まぐろ4パック，からあげ3パック」を答えとしました。このように，情報の一部を明示しないことによって，生徒がその情報を仮定し，複数の答えを考えることができます。食品の値段を明示しなかったり，タイムセールの時間を明示しなかったりという具合に，もっとオープンにすることも可能ですが，その場合は生徒が仮定すべきことが多くなってしまい，複数の答えどころか1つの答えも出なかったり，なんでも答えになってしまって問題解決にならなかったりするかもしれません。そのため，適度なオープンさが求められます。

## (3)中学　2年　確率

確率で期待値を勝手に考え出す事例

「しんたつランドのチケットをくじにして販売するなら」

## 高校数学への架け橋も大切な視点

　さて，中学校の事例最後の授業は，ずばり，高校数学で履修する「期待値」につながる事例のご紹介です。私の学校は地域や企業とのつながりも多く，イベントを実施する際にはたくさんの人と行います。そんな中，子どもたちがSDGsについての理解を深めるために「しんたつランド」をつくりたい！とずっとプロジェクトを温めてきた経緯があります。そんな取組がいざ実現できるとなったときに，考えが広がったり，視点を持って活動することができるように数学の授業でも何か意識して取り組むものがあればと思い設計をしました。単元としては確率の分野ですが，中央値や平均値に箱ひげ図，果てには期待値まで考えるという領域を横断した問いになっています。これもどんな力を見取るかによりますが，指導している子どもたちがこちらが設定した場面の中で数学のどの単元を活用して問題解決を図るのかを知ることも大切です。

## しんたつランドを盛り上げるために

　課題設計は下記のようにしました。

問い：しんたつランドくじは一回いくらにすればいいだろうか？
〈概要〉しんたつランドというSDGsの課題について考え，体験するイベントを計画しています。数種類のブースを作成し，そのブースには「しんたつランド体験チケット」（1枚100円）がブースによって必要です。まとめ売りチケットを販売することが運営では決まっていましたが，その販売方法にも遊びを加えることで，参加者により楽しんでもらえる

ように計画しました。

〈販売方法〉

「1・1・2・3・4・4・5・6」のカードから同時に2枚引いて
もらい，その合計の数だけしんたつランド体験チケットがもらえます。

利益については今後の活動費や募金につなげるものとして進めていました
が，準備をしていく中で課題が見えてきました。それは「いくらに設定すれ
ば損することなく運営できるだろうか？」という問いです。実際，体験ブー
スには費用がかかるものもあり，原則1回の体験にあたり100円程度の価値
が出るように料金設定をしていました。あまりに安すぎると元が取れないし，
かといって高すぎてもお客さんがやろうと思わない……。やってみようかな
と思える金額設定は果たしていくらが適切なのだろう？

　これらを考えるためにいままで既習した学習で解決を図ります。場合の数
を考えたり，ヒストグラムや箱ひげ図にまとめる生徒もいました。最大値と
最小値を求めて範囲を確認したり，金額の平均を求めたり……知らず知らず
と期待値を算出する生徒も出てきます。「700円取れば運営は損はしないが，
せっかくならワンコインでできる500円にしたほうがキリがいいからやって
くれそうだ」など，実施する相手の気持ちも考えながら料金設定する回答も
ありました。

　最適解を求めるのであれば，数学という教科はこの上なく便利なのかもし
れません。しかし，相手のことを思いやったり，活動の目的から照らし合わ
せたとき，最適解が必ず納得解になるとは限りません。どんな目的で何を成
し遂げたいか。それを考えた上で数学を使って適切な数値を探る。それを基
に場に適した金額設定をする。このように身近な問題から問いを広げていき，
高校数学への橋渡しをする営みも大切なことだと感じています。そして何よ
り，課題の設計に現実とほんの少しはしごかけをすることで，子どもたちの
主体性は引き出せるものだと感じています。

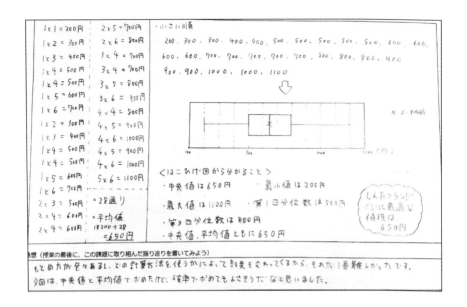

| | |
|---|---|
| 1と1 = 200円 | 2と5 = 700円 |
| 1と2 = 300円 | 2と6 = 800円 |
| 1と3 = 400円 | 3と4 = 700円 |
| 1と4 = 500円 | 3と4 = 700円 |
| 1と4 = 500円 | 3と5 = 800円 |
| 1と5 = 600円 | 3と6 = 900円 |
| 1と6 = 700円 | 4と4 = 800円 |
| 1と2 = 300円 | 4と5 = 900円 |
| 1と3 = 400円 | 4と6 = 1000円 |
| 1と4 = 500円 | 4と5 = 900円 |
| 1と4 = 500円 | 4と6 = 1000円 |
| 1と5 = 600円 | 5と6 = 1100円 |
| 1と6 = 700円 | ・28通り |
| 2と3 = 500円 | ・平均値 |
| 2と4 = 600円 | 18200÷28 |
| 2と4 = 600円 | =650円 |

・小さい順

200, 300, 300, 400, 400, 500, 500, 500, 500, 500, 600, 600,
600, 600, 700, 700, 700, 700, 700, 800, 800, 800, 900,
900, 900, 1000, 1000, 1100

×…平均値

〈はこひげ図から分かること〉
・中央値は650円　　　・最小値は200円
・最大値は1100円　　・第1四分位数は500円
・第3四分位数は800円
・中央値、平均値ともに650円

しんたランドのくじに最適な値段は650円

**振想** (授業の最後に、この課題に取り組んだ振り返りを書いてみよう)

もとめ方が色々あるし、どの計算方法を使うかによって結果もかわってくるから、それが1番難しかったです。今回は、中央値と平均値で求めたけど、確率で求めてもよさそうだなと思いました。

## 目指す理想の姿って

　色々な実践を書き連ねましたが，数学の教師として子どもたちのどんな姿を描いて授業を組み立てていたかを最後にお伝えさせていただけたらと思います。「数学は最適解を求める上で便利だが，納得解になるとは限らない」と言いましたが，根拠となる客観的事実を把握する上で数学は本当に有益な学問だと思っています。コロナ禍においても統計をとり，グラフにし，推移を見ながら政治的な判断を下す。国民に一定の納得をしてもらうだけの数値を提示することはあの時本当に大切でした（もちろん数値を鵜呑みにすることなく批判的に捉えることも大切でした）。このように社会では「正しい客観的事実（数字や表，グラフ，式など）を持って論理的に問題解決する営み」があり，それを支えているのが数学という学問だと思っています。数学を手段として誰かに貢献したり，自分の人生を豊かにしたり，自己を磨き他者と関わり続ける姿こそが数学を共に学ぶ子どもたちに求める姿でもありました。

[MISSION]しんたつマインドの育成
『自己を磨き続け、他者と関わり、共に持続可能な社会を探究する人の育成』

自己を磨き続ける人
・自分で考え、思を持ち、行動する人
・ワクワクしながら主体的に取り組める人
・学びと向き合い、学び続ける人

共に持続可能な社会を探究する人
・社会に興味・関心・関い考持つ人
・事象的にデータを見つかつ、
・持続可能な社会を目指す人
・地域の伝統や文化に触れ、つなぐ人

他者と関わる人
・心持ち深い思いやり、気づかう人
・相手の立場になって対話ができる人

しんたつマインドを育む教師像
・全教員で生活指導に努め
・ともに共にワクワクし続ける
・新しいことにチャレンジし学び続ける
・人権課題に真剣として向き合う

## 数学
## 【正しい客観的事実を持って論理的に問題解決する姿】

| 【正負の数】やま焼き屋、定休日作っていいかなぁ？ | 【文字の式】Tシャツ、どこで買う？(NfS) | 【一次方程式】基準値を求め、最適解を考えると…？ | 【比例反比例】受付、いくつ設置するといいのかなぁ？ | 【空間図形】美しいカタチの特徴や法則って何だろう？ | 【データ活用】何を根拠に判断したり比較したらいいだろう？ |
| --- | --- | --- | --- | --- | --- |

　教科としてみたい子どもの姿がイメージできるようになると，授業の組み立ては格段に広がりを見せ，それぞれの単元で見たい姿を描けるようになりました。そしてそれを共有し共に実践してくれる仲間もできました。ひとえに私たちにとっての挑戦を前向きに向き合ってくれた子どもたちがいたおかげでこれだけの実践ができたと思っています。これらは非認知能力も同時に育まれた子どもたちだったからこそ成し得ることができたといっても過言ではありません。社会に出ても教室での学びが社会とつながっていける子どもたちがこれからも育つことを願ってやみません。

# おわりに

この本を手に取っていただき，心から感謝申し上げます。私の実践を通じて得た知見と考えをまとめ，本書としてお届けすることで，新たな数学授業の可能性を共有できることを嬉しく思います。

数学教育において，非認知能力の育成は欠かせません。知識の習得だけではなく，コミュニケーション能力や問題解決への姿勢など，生徒たちが将来の社会で活躍するために必要な力を育てることが使命であると信じています。

私の勤務している岡山県立岡山一宮高等学校はスーパーサイエンスハイスクールに指定されており，先進的な理数教育が求められる学校です。本校では生徒に身につけてもらう力を i コンピテンシー（一宮で育てる資質能力）と定めており，すべての教育活動に組み込んでいます。
i コンピテンシーとは，Ⅰ情報分析活用力，Ⅱ論理的思考力，Ⅲコミュニケーション力，Ⅳ自律的に行動する力，Ⅴ垣根を越える力の5つです。コミュニケーション力や自律的に行動する力，垣根を越える力といった非認知能力を数学の授業の中でどのように養うかについて，継続的に考察し，授業実践を重ねました。

私の授業では，探究型のアプローチを取り入れ，生徒たちが自ら考え，問題に取り組む姿勢を育んできました。授業の中で，生徒が黙って考えている姿を見て，ついつい解説をしてしまったことがあります。しかし，その過程で気づいたことがあります。生徒たちを信じて，じっと待つことが大切だということです。教えすぎてしまうことで，彼らの考える力や自己表現の場を奪ってしまうことになるかもしれません。それぞれの生徒が持つ個性や強みを活かし，自己肯定感を高める場を提供することが重要だと痛感しました。

この本が，教育に情熱を燃やす先生方の手に取られ，新たな授業のアイデアや方法を生み出す一助になれば幸いです。探究型授業に挑戦し，生徒たちの可能性を引き出すことは，教育者としての喜びであり，使命であると信じています。

　最後に，この授業を共に歩んでくれた生徒たちには心から感謝申し上げます。彼らの熱意と努力は，この実践を成功に導いた原動力であり，私にとっての貴重な経験となりました。また，非認知能力の育成における指導助言をしてくださった中山芳一先生，数学教育の観点からのアドバイスをしてくださった石橋一昂先生，中学校での実践経験を共有してくださった山本昌平先生にも深く感謝申し上げます。そして，こうしたご縁を結んでくださった前校長の梅田和男先生にも心から感謝の意を表します。

　私たち教育者は，未来を担う子どもたちと共に道を切り拓いていく使命を担っています。皆さんと共に，新たな教育の旅路を歩んでいけることを楽しみにしています。数学でできるんだから，きっと他の教科でもできるはずです。


　2024年1月

　　　　　　　　　　　　　　　　　　　　　　　　　　有岡桂佑

# 引用文献・参考文献

## 第1章

・遠藤利彦（2017）．非認知的（社会情緒的）能力の発達と科学的検討手法についての研究に関する報告書．平成27年度プロジェクト研究報告書．国立教育政策研究所．

・岸本裕史（1981）．見える学力，見えない学力．大月書店．

・中山芳一（2018）．学力テストで測れない非認知能力が子どもを伸ばす．東京書籍．

・中山芳一（2023）．教師のための「非認知能力」の育て方．明治図書．

・中山芳一（2020）．家庭，学校，職場で生かせる！　自分と相手の非認知能力を伸ばすコツ．東京書籍．

・S.ボウルズ，H.ギンタス（2008）．アメリカ資本主義と学校教育Ⅰ―教育改革と経済政策の矛盾．宇沢弘文(訳)．岩波書店．

・無藤隆，森敏昭，遠藤由美，玉瀬耕治（2004）．心理学．有斐閣．

第2・3章

・OECD 教育研究革新センター（2015）.「メタ認知の教育学：生きる力を育む創造的数学力」. 篠原真子・篠原康正・裳岩昌（訳）. 明石書店.

・Schukajlow, S., Rakoczy, K., & Pekrun, R. (2023). Emotions and motivation in mathematics education: Where we are today and where we need to go. *ZDM Mathematics Education*, *55*, pp. 249-267.

・石橋一昂・上ヶ谷友佑（2019）. 数学的モデル化の観点から見た学習者の解の吟味を支援する教材の条件：方程式の文章題を中学2年生が解決する過程の分析を通じて. 日本科学教育学会誌 科学教育研究, 43(4), pp. 333-344.

・上ヶ谷友佑（2017）. 真正な数学的活動を実現するための哲学に関する研究. 未刊行学位論文, 広島大学.

・上ヶ谷友佑（2020）. 数学の授業における多様性伝達アプローチ：実践から理論への接続. 広島大学附属福山中・高等学校 中等教育研究紀要, 60, pp. 162-167.

・佐々木徹郎（2014）. 数学教育における教室文化の文化化に関する研究. 未公刊博士学位論文, 広島大学.

・清水優菜（2021）. 環境的および情意的要因が数学的リテラシーに及ぼす影響とそのプロセスの検討：環境的要因として教師に焦点を当てて. 日本科学教育学会誌 科学教育研究, 45(3), pp. 298-307.

・辻山洋介・垣野内将貴・佐久間淳一（2022）. 数学的問題設定における証明の活用の様相：「数と式」の授業における生徒の問題設定の過程. 日本科学教育学会誌 科学教育研究, 46(2), pp. 187-208.

・東京大学 CoREF（2019）. 協調学習 授業デザインハンドブック 第3版：知識構成型ジグソー法を用いた授業づくり.

・長尾篤志（2019）. 新学習指導要領で強化された統計教育のポイント. 総務省統計局（編）, 統計調査ニュース, 388, p. 1.

・難波博之（2021）. 全ての三角形が二等辺三角形であることの証明！？. https://manabitimes.jp/math/1056（2023年6月7日最終閲覧）

・服部慎吾（2023）.【誤答】を使った授業実践の提案. 数研通信, 106, pp. 9-13.

・濱中裕明・加藤久恵（2014）. 高校における構造指向の数学的活動に関する考察：教授学的状況理論の視点から. 全国数学教育学会誌 数学教育学研究, 20(1), pp. 133-141.

・久坂哲也（2020）．「メタ認知」と学び．
https://berd.benesse.jp/special/manabucolumn/classmake19.php（2023年 6 月 7 日最終閲覧）

・溝上慎一（2018）．内発的動機づけ・自己決定理論．溝上慎一の教育論．
http://smizok.net/education/（2018年 8 月11日掲載）

・溝口達也（2019）．わが国の中等数学教育の課題と展望．岩崎秀樹・溝口達也（編），「新しい数学教育の理論と実践」（pp. 1-14）．ミネルヴァ書房．

・宮川健（2007）．関数グラフソフトを用いた教授・学習過程の分析：教授学的状況理論の視点から．日本数学教育学会誌　数学教育，89(1)，pp. 2-12．

・宮川健（2011a）．フランスを起源とする数学教授学の「学」としての性格：わが国における「学」としての数学教育研究をめざして．日本数学教育学会誌　数学教育学論究，91(R94)，pp. 37-68．

・宮川健（2011b）．フランス数学教授学の立場から見た「授業」の科学的探究．日本数学教育学会　第44回数学教育論文発表会論文集，1，pp. 51-60．

・望月俊男（2019a）．メタ認知．大島純・千代西尾祐司(編)，「主体的・対話的で深い学びに導く　学習科学ガイドブック」（pp. 49-53）．北大路書房．

・望月俊男（2019b）．自己説明を促す教授法．大島純・千代西尾祐司(編)，「主体的・対話的で深い学びに導く　学習科学ガイドブック」（pp. 128-131）．北大路書房．

・文部科学省（2019）．高等学校学習指導（平成30年告示）解説　数学編　理数編．学校図書．

【著者紹介】（所属は執筆当時，＊は執筆箇所）

中山　芳一（なかやま　よしかず）　　　　　　　　　　＊第1章
岡山大学教育推進機構准教授。学童保育の指導員を経て，教育方法学研究の道へ進む。岡山大学在職後は，自らの実践経験は，非認知能力の育成に取り組んできたのだと確信し，全国の学校や幼保こども園で非認知能力を育成するための教育実践の在り方を提唱し始め，現場の教職員と協働で様々な非認知能力に関する課題解決を行っている。

有岡　桂佑（ありおか　けいすけ）　　　　＊第2・3章　高校事例
岡山県立岡山一宮高等学校数学科教諭。スーパーサイエンスハイスクール（SSH）戦略室の室長として，非認知能力育成を目指した探究型授業を推進し，いちのみや探究デー（公開授業）においてその成果を校内外に広く普及し，第21回全国高校生理科・科学論文大賞の指導教諭賞も受賞している。

石橋　一昴（いしばし　いっぽ）　　　　　＊第2・3章　分析
岡山大学学術研究院教育学域（数学教育）講師。広島大学大学院教育学研究科教育学習科学専攻（数学教育）博士課程後期修了（2020年）。博士（教育学）。広島大学附属福山中・高等学校教諭，日本学術振興会特別研究員（DC2），岡山大学学術研究院教育学域（数学教育）助教を経て現職。

山本　昌平（やまもと　しょうへい）　　　＊第2・3章　中学事例
大阪市教育センター勤務。第37回（2021年度）東書教育賞奨励賞，2022年度第51回「教育実践研究論文助成」奨励賞，Google 認定トレーナー。複数担任制やタテ持ち型編成，定期テスト再編など「公教育の仕組みの是正をあきらめない」を軸に e-Sports ×教育など社会的価値を模索する PBL を実践。

**数学教育選書**
認知能力×非認知能力を育てる
数学授業&教材10のしかけ

2024年2月初版第1刷刊

©著　者　　中山芳一・有岡桂佑
　　　　　　石橋一昴・山本昌平
発行者　藤　原　光　政
発行所　明治図書出版株式会社
　　　　http://www.meijitosho.co.jp
　　　　（企画）木山麻衣子（校正）有海有理
〒114-0023　　東京都北区滝野川7-46-1
振替00160-5-151318　電話03(5907)6702
ご注文窓口　電話03(5907)6668

＊検印省略　　　　組版所　日本ハイコム株式会社

Printed in Japan　　　　ISBN978-4-18-304723-6
もれなくクーポンがもらえる！読者アンケートはこちらから　 →

学校で育てたい「非認知能力」のすべてがわかる！

# 教師のための
# 「非認知能力」の育て方

中山芳一 著

テストでは測れない「非認知能力」。その中から学校で活用できる「自分と向き合う力、自分を高める力、他者とつながる力」に着目し、非認知能力を認知能力と合わせて育成する方法を、5つのステップにわけて小・中学校・高等学校などの実践例とともに詳しく紹介します。

明治図書　携帯・スマートフォンからは　明治図書ONLINEへ　書籍の検索、注文ができます。▶▶▶

http://www.meijitosho.co.jp　＊併記4桁の図書番号（英数字）で、HP、携帯での検索・注文が簡単に行えます。

〒114-0023　東京都北区滝野川7-46-1　ご注文窓口　TEL 03-5907-6668　FAX 050-3156-2790